ご朱印めぐりの旅

全国

護国神社

巡拝ガイドブック

[監修] 全國護國神社會

[著] 山中浩市

かざひの文庫

はじめに

本書は全国の護国神社めぐりの案内書です。護国神社は、戦争で国のために一命を捧げられた郷土出身の戦歿者の神霊《みたま》をお祀《まつ》りしている神社で、わかりやすく例えると「各道府県の地方別の靖國神社」ということもできます。北は北海道旭川市から、南は沖縄県那覇市まで、全国の各道府県の中核都市にあります。明治維新以後に創建された比較的歴史の新しい神社ですが、それぞれその地方の歴史、土地柄など個性あふれた特色をもち神聖な中にも魅力がいっぱいです。また周辺には有名な観光名所や温泉、テーマパーク、ミュージアムなどもあります。国内旅行の目的地としても護国神社めぐりは非常に楽しいものです。

本書ではそのような各地を代表する護国神社と、その周辺の観光地を著者が実際に訪問し、自らの責任で選んだ見どころを紹介しています。本書が全国の護国神社めぐりの手引になり、読者のみなさまの「日本の魅力の再発見の旅」のお役に立てば、大変うれしく思います。

なお、執筆にあたっては、各護国神社の宮司様はじめ神職の方々、靖國神社内にある全國護國神社會の事務局の方々、また周辺の観光地の関係者、ボランティアガイドの方々、など多くのみなさまから心温まる御教示を頂戴しました。ここに謹んで厚く御礼申し上げます。

※護国神社の「国」は正式社名には正字体「國」を使用される神社が多いですが、本書では固有名詞以外は、「護国神社」に記載を統一しました。

⛩ 著者のおすすめする護国神社巡拝

その1　郷土の護国神社から参拝する。

全国の護国神社をすべて巡拝するのは、日本一周の壮大な旅になります。まず、地元の護国神社から、東京都・神奈川県にお住いの方ならば靖國神社から参拝し、近隣の護国神社を巡拝しましょう。そして、その神社の「祭典」にも参列してみましょう。

その2　旅先でも護国神社を参拝する。

護国神社は、全国各地の中核都市のさらにその中心地の、交通の便利の良い場所に位置する神社が多いのも特徴です。国内旅行や出張の際には、その都市の護国神社に参拝しましょう。

その3　境内を散策する。

護国神社の境内を散策すると、遺品館や多くの慰霊碑を見かけます。それらは激動の近代史を物語る貴重なもので時間をかけてめぐりたいものです。戦歿者の故郷を訪ねる護国神社巡拝の意義がここにもあります。

その4　ご朱印をいただく。

ご朱印はスタンプではなく、その護国神社の社号が毛筆で書かれ神紋印等が押された神聖なものです。また参拝の証しにもなります。ぜひ護国神社専用のご朱印帳を用意し、ご朱印をいただきましょう。

⛩護国神社の参拝の手順

「二礼二拍手一礼」が基本です。心を込め参拝しましょう。著者の参拝の手順はおおむね次の通り。

一　鳥居前で脱帽して前方に向かい浅く一礼し、鳥居をくぐる。

二　手水舎《てみずや》で禊《みそぎ》をする。
右手でひしゃくを取り、左手を洗う。
次にひしゃくを持ち替えて右手を洗う。
最後に左手で水を受けて口をすすぐ。
ひしゃくをもとに戻す。

三　社務所にご朱印帳を渡しご朱印をお願いする。

四　社殿の前で浅く一礼し、賽銭箱に御賽銭を入れる。

五　鈴があれば鈴を鳴らす。

六　背中をまっすぐにし、腰を深く折ってゆっくり二礼する。

七　胸の高さで両手を合わせて二回手を打つ。

八　腰を深く折ってゆっくり一礼する。

九　最後に浅く一礼する。

十　社務所に行き、初穂料を払い、ご朱印帳を受け取る。

十一　境内を散策。境内社、戦歿者慰霊碑の参拝や宝物殿の見学などを行う。

十二　帰りがけ、鳥居を出たところで振り返り浅く一礼する。

本書の見方

境内の見どころの写真。

神社前の写真など。

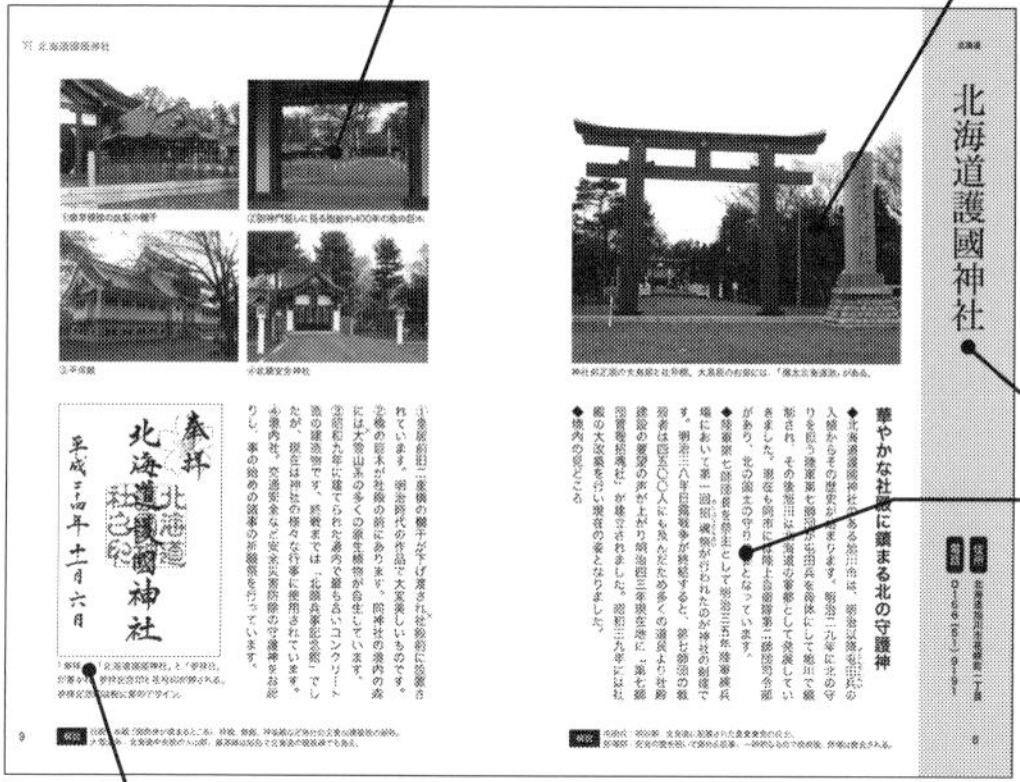

正式な神社名。

神社の紹介など。

実際にいただかれたご朱印と本書掲載のご朱印が異なる場合もあります。ご朱印は、書いてくださる人によって、印象も変わり内容や構成が変更になることもあるからです。

記載の距離は、神社との地図上の直線距離であり、実際の移動距離とは異なります。

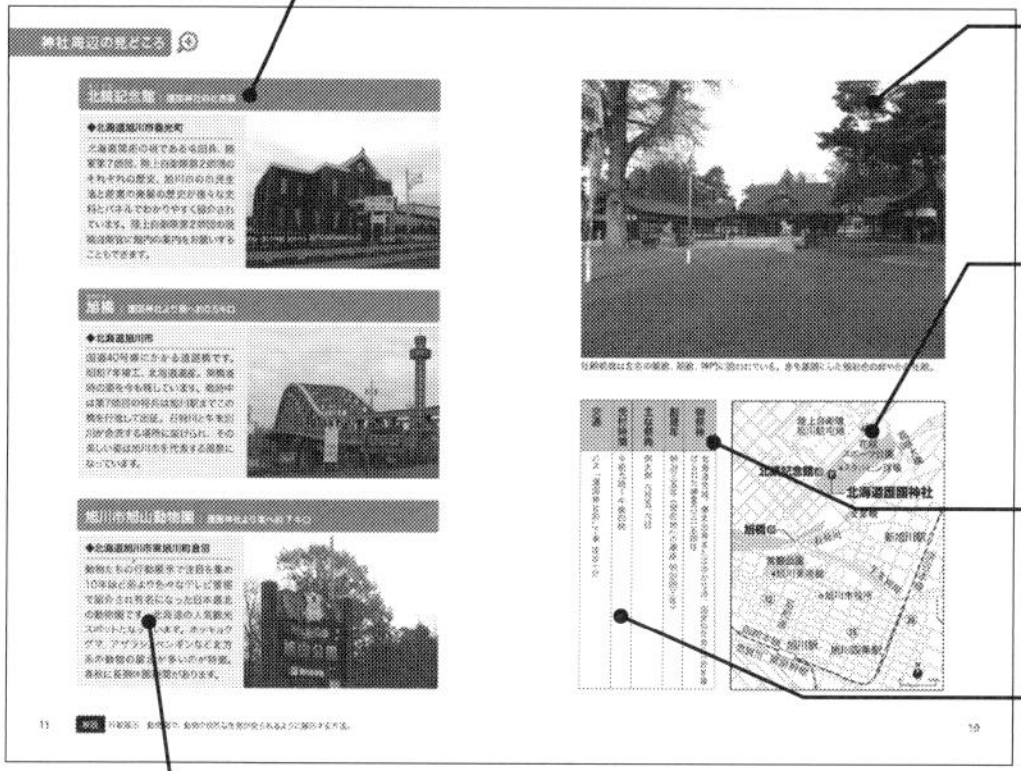

社殿の写真。

神社とその最寄り駅の地図。駅からの距離はスケールバーを参照ください。

御祭神の柱数は本書編集時のものです。

受付時間とは社務所の窓口の対応時間です。諸般の事情で変更になる場合もあります。

この3か所は、著者が実際に訪問した中からおすすめする場所であり、周辺のすべての観光地を訪問した上で選択したものではありません。

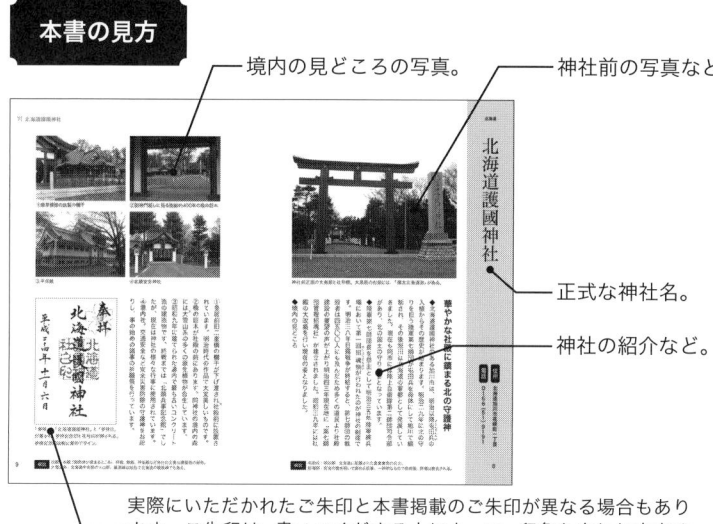

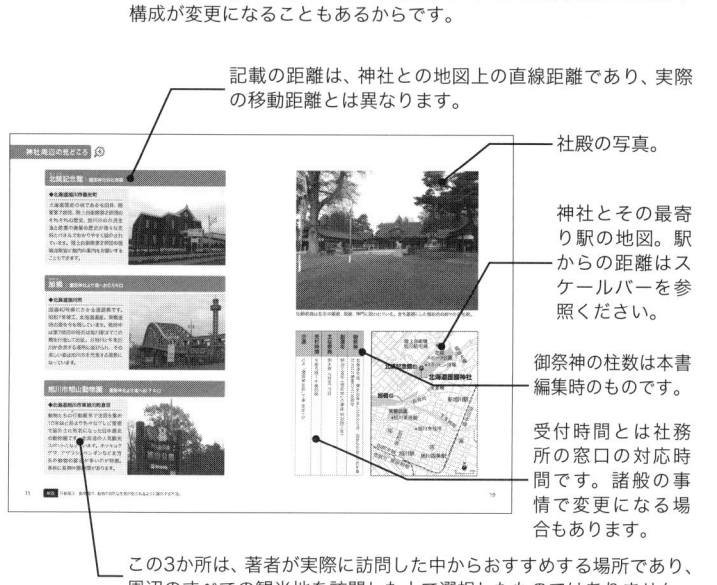

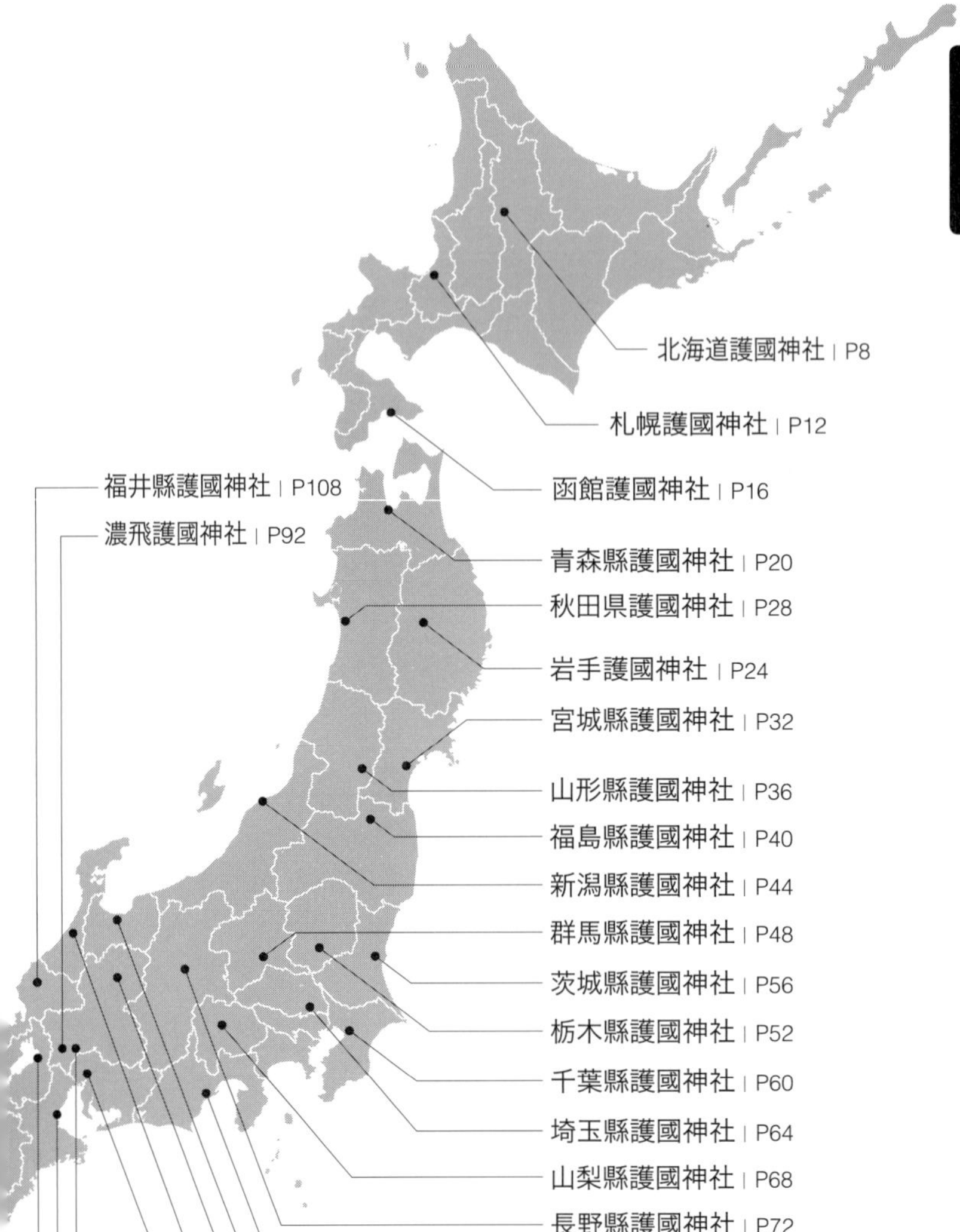

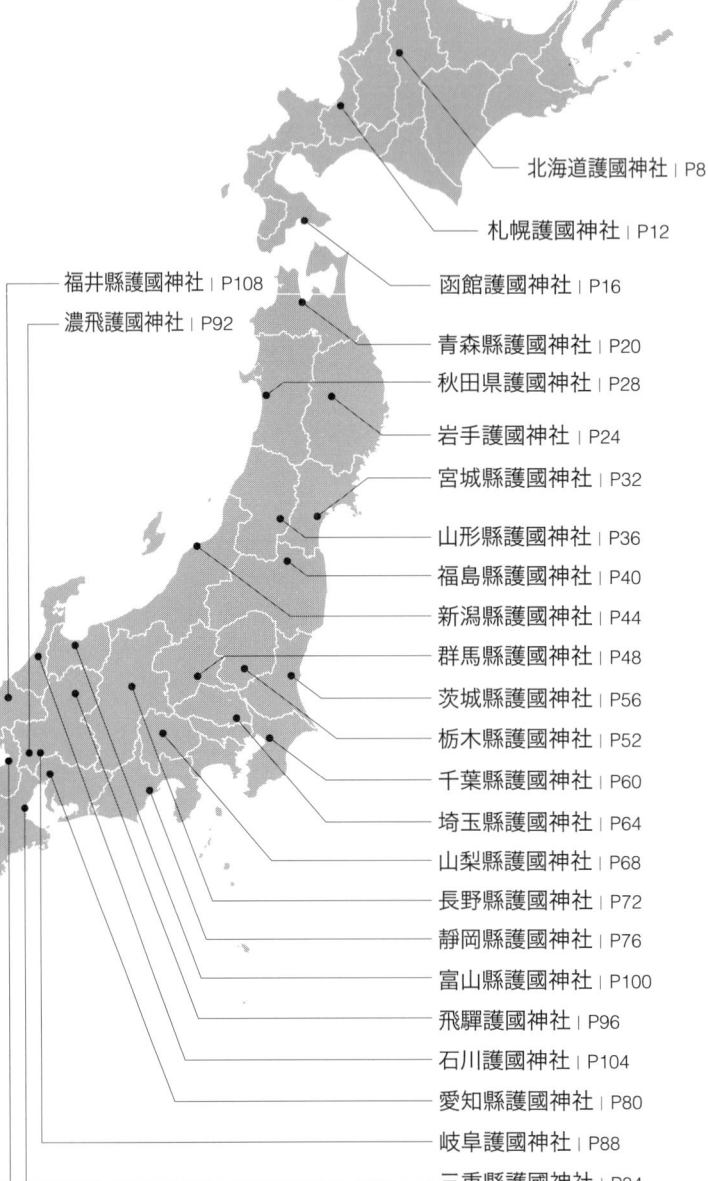

沖縄

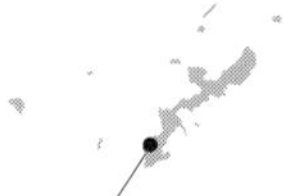

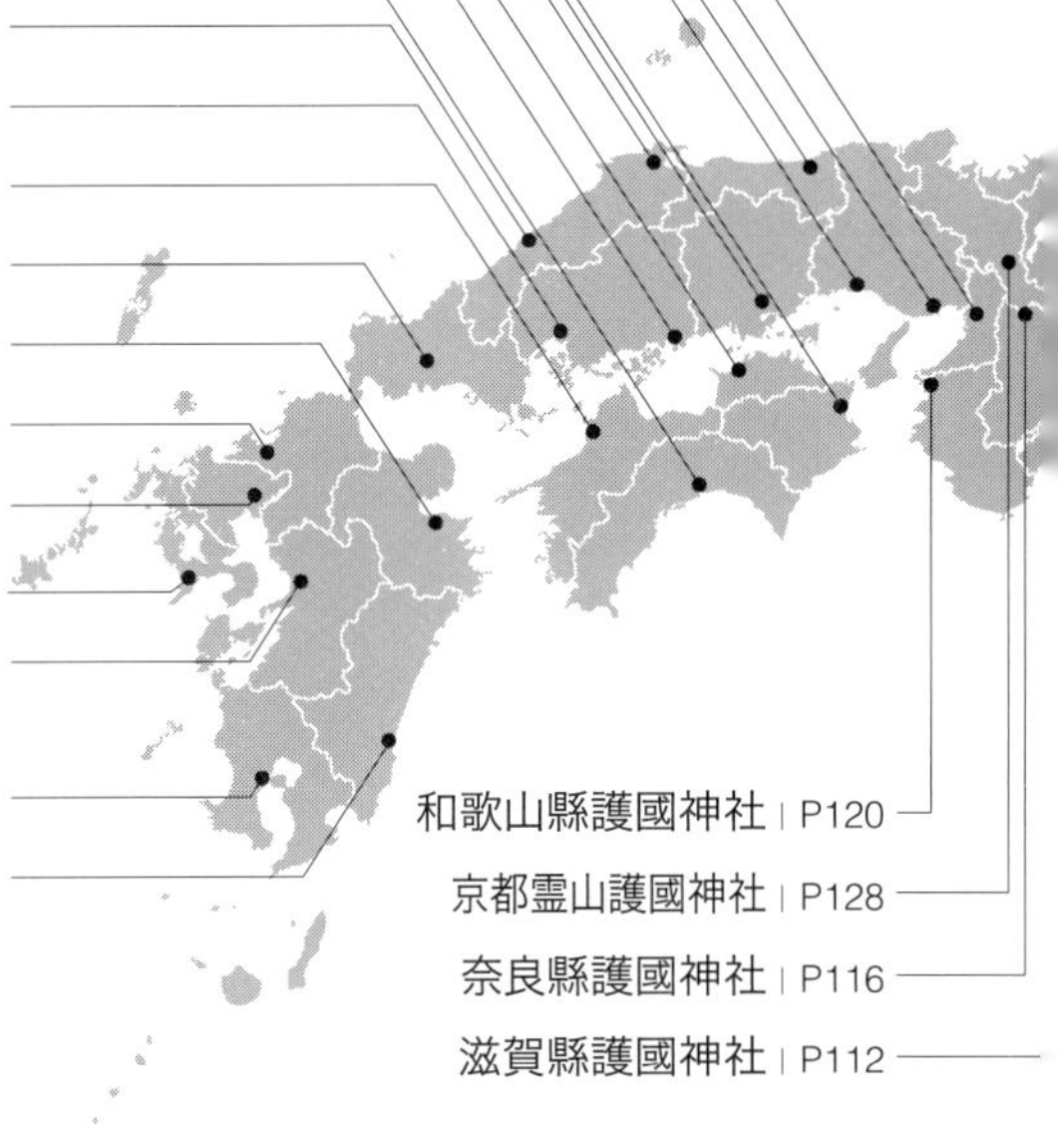

北海道護國神社

神社前の大鳥居と社号標。大鳥居の右奥には、「樺太北海道池」がある。

華やかな社殿に鎮まる北の守護神

◆北海道護國神社のある旭川市は、明治以降※屯田兵《とんでんへい》の入植からその歴史が始まります。明治二九年に北の守りを担う陸軍第七師団が屯田兵を母体にして旭川で編制され、その後旭川は北海道の軍都として発展してきました。現在も同市には陸上自衛隊第二師団司令部があり、北の国土の守りの要となっています。

◆陸軍第七師団長を祭主として明治三五年陸軍練兵場において第一回※招魂祭《しょうこんさい》が行われたのが神社の創建です。明治三八年日露戦争が終結すると、第七師団の戦歿者は四五〇〇人にも及んだため多くの道民より社殿建設の要望の声が上がり明治四三年現在地に「第七師団管理招魂社」が建立されました。昭和三九年には社殿の大改築を行い現在の姿となりました。

◆境内の見どころ

住所 北海道旭川市花咲町一丁目

電話 0166（51）9191

解説 屯田兵：明治期、北海道に配置された農業兼営の兵士。
招魂祭：死者の霊を招いて鎮める祭事。一時的なもので祭典後、祭場は撤去される。

①唐草模様の鉄製の欄干

②御神門越しに見る樹齢約400年の楡の巨木

③平成館

④北鎮安全神社

①皇居前旧二重橋の欄干が下げ渡され社殿※前に設置されています。明治時代の作品で大変美しいものです。
②楡の巨木が社殿の前にあります。同神社の境内の森には大雪山系※の多くの原生植物が自生しています。
③昭和九年に建てられた道内で最も古いコンクリート造の建造物です。終戦までは「北鎮兵事記念館」でしたが、現在は神社の様々な行事に使用されています。
④境内社。交通安全など安全災害防除の守護神をお祀りし、事の始めの諸事の祈願祭を行っています。

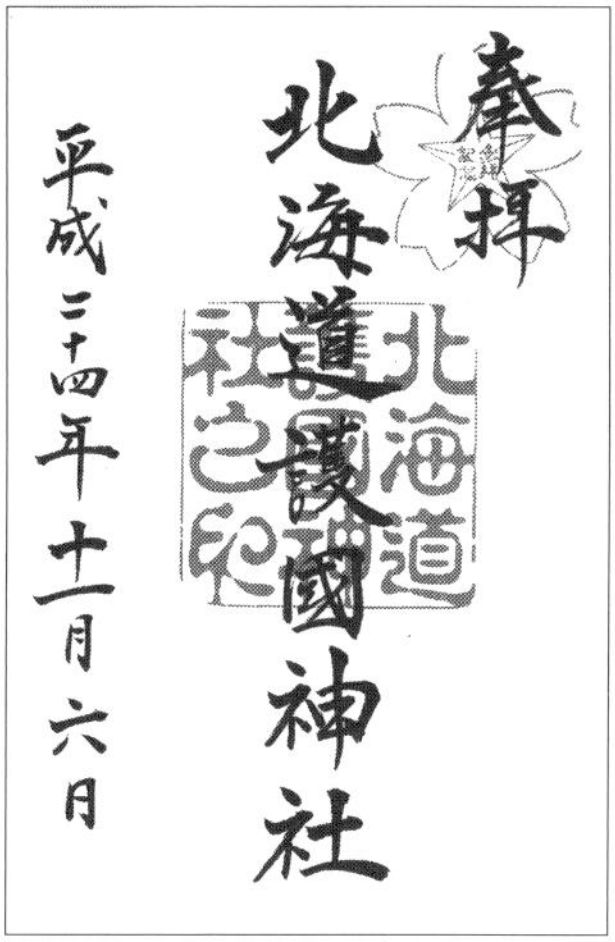

「奉拝」と「北海道護國神社」と「参拝日」が書かれ、参拝記念印と社号印が押される。参拝記念印は桜に星のデザイン。

解説　社殿：本殿（御祭神が鎮まるところ）、拝殿、幣殿、神楽殿など神社の主要な建築物の総称。
大雪山系：北海道中央部の火山群。最高峰は旭岳で北海道の最高峰でもある。

社殿前庭は左右の翼廊、廻廊、神門に囲われている。赤を基調にした極彩色の鮮やかな社殿。

御祭神	北海道全域、樺太出身またはゆかりの、国家のために一命を捧げられた神霊六三二五四柱
創建年	明治三五年（現在地への遷座 明治四三年）
主な祭典	例大祭 六月五、六日
受付時間	午前九時〜午後四時
交通	バス「護国神社前」下車 徒歩一分

神社周辺の見どころ

北鎮《ほくちん》記念館 ｜護国神社の北西隣

◆北海道旭川市春光町

北海道開拓の祖である屯田兵、陸軍第7師団、陸上自衛隊第2師団のそれぞれの歴史、旭川市の市民生活と産業の発展の歴史が様々な史料とパネルでわかりやすく紹介されています。陸上自衛隊第2師団の現職自衛官に館内の案内をお願いすることもできます。

旭橋《あさひばし》 ｜護国神社より南へ約0.5キロ

◆北海道旭川市

国道40号線にかかる道路橋です。昭和7年竣工、北海道遺産。架橋当時の姿を今も残しています。戦時中は第7師団の将兵は旭川駅までこの橋を行進して出征。石狩川と牛朱別川が合流する場所に架けられ、その美しい姿は旭川市を代表する風景になっています。

旭川市旭山動物園 ｜護国神社より東へ約 7 キロ

◆北海道旭川市東旭川町倉沼

動物たちの※行動展示で注目を集め10年ほど前より色々なテレビ番組で紹介され有名になった日本最北の動物園です。北海道の人気観光スポットとなっています。ホッキョクグマ、アザラシ、ペンギンなど北方系の動物の展示が多いのが特徴。春秋に長期休園期間があります。

解説 行動展示：動物園で、動物の自然な生態が見られるように展示する方法。

札幌護國神社

住所 北海道札幌市中央区南十五条西五丁目

電話 011（511）5421

神社前。境内周辺は、豊平川緑地、中島公園があり四季の緑が美しい。

屯田兵戦歿者の慰霊顕彰が起源

◆札幌護國神社は、札幌市のほぼ中心にある中島公園の北端に隣接し、有名な歓楽街「すすきの」からは南へ約一キロほどという近さにあります。

◆西南戦争では全国各地から将兵が召集され、札幌近郊からも約五〇〇人の屯田兵が小樽港から船で九州の戦場へ赴きました。明治十二年、西南戦争で戦死戦病死した三七人の屯田兵の神霊《みたま》の慰霊顕彰のために偕楽園（札幌市北区）前に「屯田兵招魂の碑」を建立したのが神社の創建です。その後※乃木希典《のぎまれすけ》将軍の直筆による忠魂碑が新たに建立され、両碑を合わせ明治四四年に中島公園に移設。昭和八年には現在地に場所を移し社殿を建立しましたが、昭和四三年に失火によりその社殿はすべて焼失し、昭和四五年に現在の社殿が再建されました。

◆境内の見どころ

解説　乃木希典：明治期の軍人。日露戦争では第３軍司令官として旅順を陥落させた。明治天皇に殉死。

①屯田兵招魂の碑

②遺品殿の内部

③彰徳苑の「アッツ島玉砕雄魂の碑」

④営門哨舎

①創建時の「屯田兵招魂の碑」は移設され、現在は同神社の境内に安置されています。
②遺品殿は社殿の地下にあり旧軍の歴史資料や戦歿者の遺品や写真などを展示しています。見学は要連絡。
③同神社境内には戦歿者慰霊碑などが多数建立されている一角があり、その場所は三笠宮崇仁《みかさのみやたかひと》親王殿下によって「彰徳苑《しょうとくえん》」と命名されています。
④旭川市の陸軍第七師団砲兵第七連隊の衛兵所営門前にあった※営門哨舎《えいもんしょうしゃ》が移設されています。

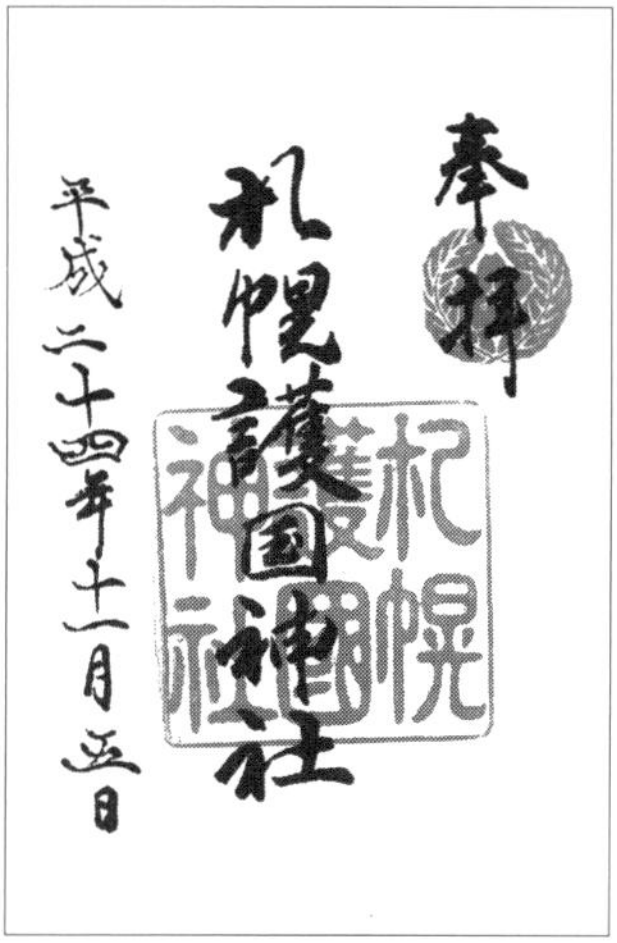

「奉拝」と「札幌護国神社」と「参拝日」が書かれ、神紋印と社号印が押される。神紋はエゾヤマザクラを形取ったもの。

解説　営門哨舎：兵営の出入口に設けられた見張り役の兵隊が詰めるための小屋。

社殿は、昭和４３年に焼失した旧社殿のデザインを受け継ぎながらも規模は大きくなっている。

御祭神	北海道の石狩支庁、空知支庁、後志支庁（一部）、胆振支庁、日高支庁出身またはゆかりの、国家のために一命を捧げられた神霊二五五四七柱
創建年	明治十二年（現在地への遷座 昭和八年）
主な祭典	例大祭 七月六日
受付時間	午前九時～午後四時
交通	市営地下鉄南北線「幌平橋」下車 徒歩約三分 市電「行啓通」下車 徒歩約五分

札幌市時計台 | 護国神社より北へ約 2.5 キロ

◆北海道札幌市中央区北1条西2丁目

明治11年に北海道大学の前身「札幌農学校」の演舞場として建設されたものです。現在、周囲はオフィスビル街ですが、北海道の顔ともいえる建築物で、国の重要文化財に指定されています。内部は1階が展示室、2階がホールで、夜間は9時半までライトアップされます。

さっぽろテレビ塔 | 護国神社より北へ約2.5キロ

◆北海道札幌市中央区大通西

昭和32年に竣工した高さ147.2mの電波塔で、東京タワーなどと同じ※内藤多仲の設計。毎年2月5日から11日頃に開催される「さっぽろ雪まつり」の会場となる大通公園の東端に位置します。展望台フロアから見る大通公園周辺の札幌の夜景は大変美しくおすすめです。

藻岩山《もいわやま》山頂展望台 | 護国神社より南西へ約3キロ

◆北海道札幌市中央区伏見

藻岩山展望台のある山頂は標高531mで、札幌市中心部に近いため札幌市内を360°展望可。山頂には「ロープウェイ」と「もーりすカー」を乗り継いで上がることもできまが、藻岩原生林は国の天然記念物に指定されており原生林の中の登山コースもあります。

解説 内藤多仲：明治19年生まれ。元早稲田大学教授で耐震設計の先駆者的建築家。

函館護國神社

住所　北海道函館市青柳町九番二三号
電話　0138（23）0950

参道と大鳥居の遠景。手前に高田屋嘉兵衛の銅像、山上に函館山の展望台が見える。

戊辰戦争最後の激戦地「箱館」に鎮座

◆函館護國神社は、函館市の函館山の麓にあり、赤レンガ倉庫群、明治時代の洋館など函館市の観光名所が集中する地域となっています。

◆嘉永七（一八五四）年ペリーの浦賀再来航から約一カ月後、幕府は日米和親条約※を締結し下田と函館を開港しました。同志社の校祖新島襄が元治元年アメリカに向け出港したのもこの函館からでした。戊辰《ぼしん》戦争で幕府軍は東北地方での戦いに敗れ北海道に拠点を移し、明治二年に最後の激戦が函館で起こりました。この箱館戦争※は同年五月に新政府軍の勝利で終結。明治新政府は日本国内唯一の政府として諸外国から認められ、新政府の日本統治が事実上始まりました。同年九月には、箱館戦争の戦歿者の神霊《みたま》を慰霊顕彰する祭典が大森浜で盛大に行われ、神社の創建となりました。その

解説　日米和親条約：幕末期日米間に締結された条約。鎖国体制を破った最初の条約。
箱館戦争：戊辰戦争中最後の戦争。五稜郭の戦いともいう。「箱館」は函館の旧名。

①神社前の朱塗り大鳥居

②新政府軍墳墓（旧官修墳墓）

③「招魂場」の碑

④なでふくろう

後昭和十七年に社殿を改築し現在の姿となりました。

◆境内の見どころ

①大鳥居からは、函館市内と函館港が一望できます。

②社殿に向かって右奥には、箱館戦争での新政府軍五六人の戦歿者の墓所があります。

③箱館戦争の終結後に行われた招魂祭で使用された石碑。北海道最古の石碑と言われています。

④なでふくろう※の石像をなでると嫌なことが飛んで行ってしまうそうです。社務所の前にあります。

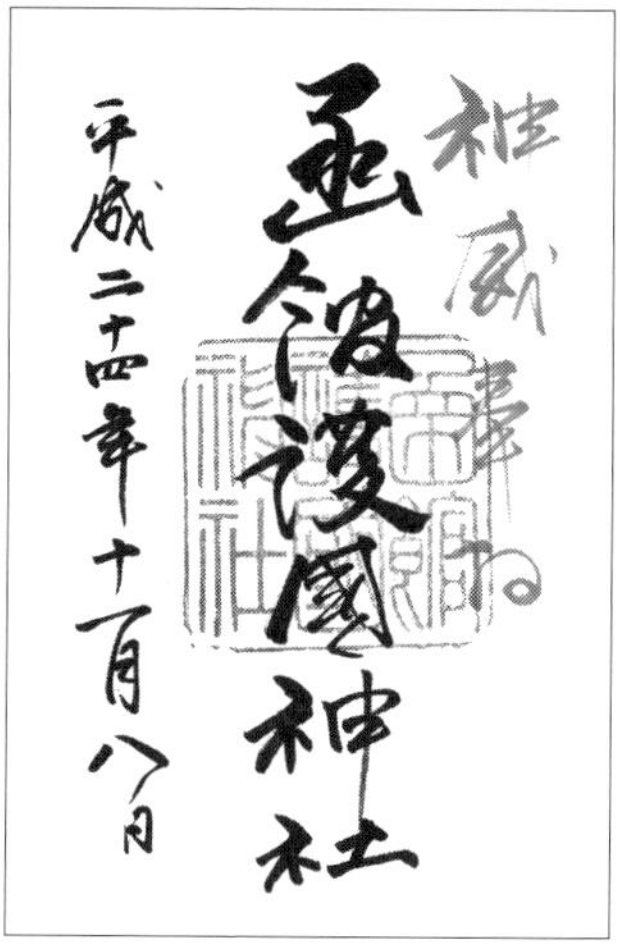

「神威奉拝」と「函館護國神社」と「参拝日」が書かれ、社号印が押される。「神威奉拝」は朱色の毛筆で書かれる。

解説　なでふくろう：フクロウは「不苦労」の語呂合わせなど、縁起の良い鳥とされている。

拝殿の左右に翼殿を配置する典型的な護国神社様式の社殿。後方の森林は函館山。

御祭神	創建年	主な祭典	受付時間	交通
北海道南部、函館市、渡島支庁、桧山支庁、後志支庁（一部）出身またはゆかりの、国家のために一命を捧げられた神霊一三〇〇〇余柱	明治二年	例大祭　五月十一日	午前九時〜午後五時 冬期（十月〜二月）は、午前九時〜午後四時三十分	市電「宝来町」下車　徒歩約十分

函館山展望台 | 護国神社より西へ約 0.5 キロ

◆北海道函館市元町

標高334mの山頂には展望台があり、東には眼下に函館市内を、西には津軽海峡を挟み下北半島まで見渡すことができます。夜景は湾曲に伸びる函館市内の地形と街の明かりが大変美しい。山頂への夜間のマイカー乗り入れは禁止されておりロープウェイかバスを利用します。

函館市青函連絡船記念館摩周丸 | 護国神社より北東へ約1.6キロ

◆北海道函館市若松町

昭和63年3月の最後の日まで運航していた※青函連絡船摩周丸を実際の乗り場であった旧函館第二岸壁に係留し保存して公開しています。操舵室・無線通信室は現役当時の姿のまま見学できる他、旧グリーン船室前部を展示室に改装して、実物部品・模型などを展示しています。

五稜郭《ごりょうかく》 | 護国神社より北東へ約5キロ

◆北海道函館市五稜郭町

五稜郭は日本最大の西洋式の星形要塞で、慶応2（1866）年に蝦夷地の奉行所として幕府が設置しました。箱館戦争で焼失した奉行所本陣の建物が平成22年に復元され公開されています。隣接する五稜郭タワーの展望台から五稜郭の五角形の姿を見ることができます。

解説　青函連絡船：青森と函館を結ぶ津軽海峡フェリーで、昭和63年青函トンネルの開通で廃止された。

青森縣護國神社

住所　青森県弘前市下白銀町一−三
電話　0172（32）0033

神社前。写真大鳥居から拝殿前の鳥居までは、弘前公園四の丸の桜林となっている。

国重文「弘前城」近くに鎮座

◆青森縣護國神社は、リンゴの生産量日本一の弘前市にあります。青森県の県庁所在地が弘前市から青森市に移ったのが明治四年。それ以前の弘前市は津軽藩主※津軽氏の居城弘前城の城下町で青森県の政治経済文化の中心都市でした。弘前公園はその弘前城を囲む城址公園。春には約五十種、約二六〇〇本の桜が咲き誇る桜の名所としても知られています。

◆明治二年に津軽藩第十二代藩主で最後の藩主津軽《つがる》承《つぐ》昭《あきら》が、戊辰《ぼしん》戦争での同藩出身の戦歿者六七人の慰霊祭を弘前市内において行ったのが神社の創建です。承昭は翌年場所を移し招魂堂を建立、その招魂堂は明治四三年に現在の弘前城四の丸に移築されました。昭和十五年には社殿を新築し現在の姿となりました。上の写真は弘前公園にある高さ十五m大鳥居で、銅板葺き

解説　津軽藩：陸奥津軽郡におかれた藩。藩主津軽氏。外様大名。天正年間に南部氏より独立。

①本殿

②拝殿の内部

③御祭神銘板

④軍艦津軽之碑

仕上げの鳥居としては青森県内最大規模のもの。

◆境内の見どころ

①本殿は拝殿から独立しています。護国神社では珍しい社殿構成になっています。

②拝殿の内部は寒冷地の護国神社らしく全面畳敷き。

③境内には、同神社のすべての御祭神のお名前とご出身地が記載された銘板が設置されています。

④大東亜戦争で活躍した軍艦「津軽」の慰霊碑。艦名の縁で同神社に慰霊碑が設置されています。

「奉拝」と「参拝日」と「青森縣護國神社」と「御製」※が書かれ、神紋印と社号印が押される。

解説 御製（ぎょせい）：天皇が詠まれた和歌のこと。

社殿。日吉造の拝殿は翼殿を持たない。向かって右隣に元の拝殿であった神楽殿がある。

御祭神	青森県出身またはゆかりの、国家のために一命を捧げられた神霊二九一八〇柱
創建年	明治二年（現在地への遷座 明治四三年）
主な祭典	例大祭 四月二九日、みたま祭（弘前城さくらまつり期間中）
受付時間	午前九時～午後四時
交通	バス「市役所前公園入口」下車 徒歩約五分

弘前城（弘前公園）｜護国神社の南隣

◆青森県弘前市大字下白銀町

東北地方唯一の現存する天守で、天守も含め三基の櫓と5棟の門の現存建築物はすべて国の重要文化財に指定されています。築城時の天守は築城直後に落雷により焼失し現天守は文化7（1810）年に御三階櫓として建造されたもの。城内側は質素な外観になっています。

旧第五十九銀行本店｜護国神社より南東へ約0.6キロ

◆青森県弘前市元長町

明治37年に第五十九国立銀行（現：青森銀行）の本店として建設されたもので、国の重要文化財に指定されています。弘前市には陸軍第8師団司令部が終戦まで置かれましたが幸いにも空襲の被害は受けず、市内には多くの歴史的建造物が残されています。

長勝寺 三門（禅林街《ぜんりんかい》）｜護国神社より南西へ約2キロ

◆青森県弘前市西茂森

長勝寺の門前の参道沿いには※曹洞宗の歴史ある寺院が33寺も集まって並んでいる地域があり禅林街と呼ばれています。弘前藩第2代藩主津軽信枚が慶長15（1610）年弘前城築城とともに長勝寺を当地に移した後、領内の曹洞宗の他の寺を同地に集めたことが始まりです。

解説　曹洞宗：仏教の禅宗の一宗派。総本山は永平寺（福井県）と總持寺（神奈川県横浜市）

岩手護國神社

境内は、盛岡八幡宮の華やか雰囲気とは違った荘厳な空気につつまれている。

住所 岩手県盛岡市八幡町十三ー一
電話 019（652）5211

盛岡八幡宮の境内に鎮座

◆岩手護國神社は、盛岡市の中心部からも近い盛岡八幡宮の境内にあり、同境内には南から北へ盛岡八幡宮、笠森稲荷神社、岩手護國神社の三社の社殿が並列に鎮座しています。

◆※盛岡藩士であった目時隆之進《めときたかのしん》、中島源蔵《なかじまげんぞう》の二人は、幕末京都で旧幕府軍側であった盛岡藩が新政府軍側を支持するように様々な働きかけを行いましたが失敗に終わり切腹を遂げた勤王派の志士でした。明治二年、この二人の慰霊顕彰を行うために、盛岡藩十五代藩主で最後の藩主南部利恭《なんぶとしゆき》によって盛岡市茶畑（現在地の東）に社殿が建立され「招魂社」と称したのが神社の創建です。その後明治十四年盛岡内丸《うちまる》公園地（盛岡城跡）に遷座し、続いて明治三九年に盛岡八幡宮境内に遷座しました。昭和十四年には現在地に新たな社殿を

解説 盛岡藩：南部藩ともいう。陸奥岩手郡におかれた藩。藩主南部氏。外様大名。戊辰戦争では旧幕府側である奥羽越列藩同盟に参加。

①霊璽簿奉安殿

②戦歿者遺骨奉安殿

③岩手県戦歿者遺品館

④岩手県戦歿者遺品館の内部

建立し今日の姿となりました。

◆境内の見どころ

①霊璽簿《れいじぼ》※をお守りしているお社《やしろ》です。自由参拝ができる霊璽簿奉安殿のある護国神社は多くはありません。

②身元不明の戦歿者の遺骨が安置されています。こちらも自由参拝ができます。

③岩手県ご出身の戦歿者の遺品や遺書や戦争の史料などが展示、保管されています。

④はその遺品館内部の様子です。見学は要連絡。

「奉拝」と「岩手護國神社」と「参拝日」が書かれ、神紋印と社号印が押される。

解説 霊璽簿：御祭神のお名前などを記した名簿。

拝殿の正面中央には参拝者のための雪除け用屋根として向拝（こうはい）が設置されている。

御祭神	岩手県出身またはゆかりの、国家のために一命を捧げられた神霊三五七七八柱
創建年	明治二年（現在地への遷座 昭和十四年）
主な祭典	春季慰霊大祭 五月三日、みたま祭 七月十三日～十六日、秋季慰霊祭 十月十三日
受付時間	午前九時～午後五時 ※受付は盛岡八幡宮の社務所
交通	バス「八幡宮前」下車 徒歩約一分

盛岡八幡宮 | 護国神社の南隣

◆岩手県盛岡市八幡町

※前九年の役の前に源頼義、義家父子が必勝を祈願するために創建した神社。その後南部藩主が領内の守護神として崇敬しました。毎年6月の第2土曜日、華やかな馬具を纏った馬を連れて盛岡市内を進行する祭「チャグチャグ馬コ」の終着点はこの神社となっています。

もりおか啄木・賢治青春館 | 護国神社より北西へ約1キロ

◆岩手県盛岡市中ノ橋通

岩手県出身の詩人石川啄木と宮沢賢治の資料館。館内では写真やパネルで2人の足跡を紹介しています。建物は明治43年に第九十銀行の本店本館として建築されたもので、国の重要文化財に指定されています。周辺には盛岡城跡公園、もりおか歴史文化館などがあります。

石割桜 | 護国神社より北西へ約1.5キロ

◆岩手県盛岡市内丸

大きな花崗岩の割れ目から育った樹齢約300年、直径約1mを超える桜（エドヒガン）の巨木です。岩の上の大木は不思議な光景です。盛岡地方裁判所の前庭にあります。大正12年に国の天然記念物に指定されました。見頃の4月半ば頃は夜間のライトアップもされます。

解説　前九年の役：平安時代中期に陸奥の豪族安倍氏が起こした反乱で、朝廷が源頼義、義家父子（源頼朝の祖先）を派遣して平定させた。源氏が勢力を築くきっかけとなった。

秋田県護國神社

住所　秋田県秋田市寺内大畑五―三
電話　018（845）0337

神社前。周辺は秋田城跡の「高清水（たかしみず）公園」として整備されている。

古代の城跡「秋田城跡」に鎮座

◆秋田県護國神社は、秋田港近くの高清水丘にある秋田城跡にあります。秋田城は、奈良時代から平安時代にかけて中央政府の国府※が置かれた古代の城柵《じょうさく》です。

◆明治二年久保田（秋田）藩第十二代藩主で最後の藩主の佐竹義堯《さたけよしたか》が、戊辰《ぼしん》戦争の秋田県出身の戦歿者六九七人の慰霊顕彰のため秋田城跡（現在の境内の一角）に「招魂社」を建立したのが神社の創建です。その後神社は久保田城本丸跡に移転した後、昭和十五年再び現在地に新たな社殿を建立して遷座しました。終戦後の米軍占領下の一時期、社名を変更した際、伊邪那岐神・伊邪那美神を配祀神《はいししん》※としてお祀りしました。平成二年七月今上天皇の即位の礼に反対する過激派により社殿にしかけられた時限発火装置で社殿は全焼しましたが、平成四年に再建され現在の姿となりました。

解説　国府：律令制下、中央政庁が地方支配の拠点として各国に設置した役所。
配祀神：同じ神社の中に、主祭神の他に祀る他の神のこと。

①明治天皇御休憩所石碑

②大正天皇御休憩所石碑

③昭和天皇、香淳皇后御親拝記念碑

④御神門

◆境内の見どころ

①明治天皇が明治十四年秋田県行幸《ぎょうこう》の際、御休憩された場所に記念碑が建立されています。

②大正天皇は、皇太子時代の明治四一年に同所で御休憩をされ、その跡に記念碑が建立されています。

③昭和天皇、香淳皇后は、昭和四四年八月二六日、同神社を御親拝され、その記念碑が建立されています。

④御神門は、第六一回神宮式年遷宮の※豊受大神宮《とようけだいじんぐう》の遷宮古材が下げ渡され、造営されました。

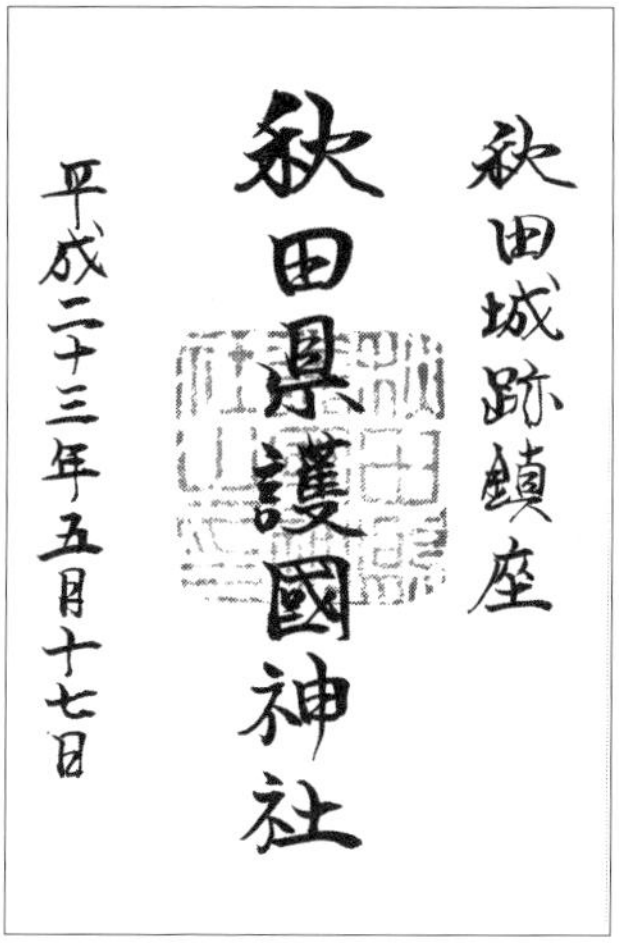

「秋田城跡鎮座」と「秋田県護國神社」と「参拝日」が書かれ、社号印が押される。

解説 豊受大神宮：伊勢神宮の二つの正宮のうちの一つ。一般に外宮（げくう）と呼ばれる。

正面屋根の千鳥破風が印象的な拝殿。拝殿と御神門の組み合わせが美しい。

御祭神	秋田県出身またはゆかりの、国家のために一命を捧げられた神霊三七八四一柱　伊邪那岐神・伊邪那美神
創建年	明治二年（現在地への遷座　昭和十五年）
主な祭典	春季慰霊大祭　四月二九日、秋季例大祭　十月二四日
受付時間	午前九時三十分～午後四時三十分
交通	バス「護国神社前」または「護国神社裏参道入り口」下車　徒歩約十分

神社周辺の見どころ

秋田城跡 | 護国神社の南隣

◆秋田県秋田市寺内大畑

秋田城跡は奈良時代から平安時代にわたって、出羽国に置かれた政庁の遺跡です。写真は復元された秋田城外郭東門と※築地塀。その近くには出土した遺物や政庁の模型、説明パネルなどが展示されている「秋田城跡出土品収蔵庫」があり見学可となっています。

秋田ポートタワー「セリオン」| 護国神社より北へ約1.5キロ

◆秋田県秋田市土崎港西

秋田港にある高さ143mの強化ガラスで覆われたタワー。高さ100mの展望台からは日本海や秋田市街の他、男鹿半島の山並みや鳥海山まで望むことができます。「恋人の聖地」の「土崎湊町恋のまち」の一部にもなっています。写真は秋田県護國神社より撮影。

入道崎《にゅうどうざき》 | 護国神社より北西へ約50キロ

◆秋田県男鹿市北浦入道埼字昆布浦

変化に富んだ海岸線が美しい男鹿半島の西端の岬で、半島の観光のシンボル的存在。岬の丘の上には明治31年に建造された白黒の縞模様の入道崎灯台（写真）があります。男鹿半島には、他にも※なまはげ館、男鹿温泉、八望台、ゴジラ岩など見どころが多数あります。

解説　築地塀（ついじべい）：泥土をつき固めて作った塀。
なまはげ：男鹿市とその周辺地域で大晦日に行われる民族行事。

宮城縣護國神社

住所　宮城県仙台市青葉区青葉城址天守台
電話　022（223）7255

神社前。鳥居の近くには青葉城資料展示館、レストランなどの入った参集殿がある。

別名青葉城「仙台城」本丸跡に鎮座

◆宮城縣護國神社は、伊達政宗によって青葉山に築城された仙台城（青葉城）の本丸跡にあります。

◆明治三七年、宮城県の遺族や退役軍人の組織であった「昭忠会」によって、陸軍第二師団管轄下の戦歿者の慰霊顕彰のため、現在地に「招魂社」が建立されたのが神社の創建です。しかし昭和二十年七月の仙台大空襲で社殿はすべて焼失し一時御神体は秋保《あきう》神社の仮宮に移されました。昭和三三年伊勢神宮から下げ渡された別宮「風宮」の旧正殿を、屋根を銅板に葺き替えて移築し、本殿として造営復興しました。平成十六年の創建百周年には「英霊顕彰館」が新設され、御祭神の心と正しい近現代史を次世代に伝えています。

◆境内の見どころ

①御祭神ゆかりの戦跡の小石などを組み合わせて造ら

解説　秋保神社：仙台市太白区にある神社。御祭神は諏訪大社の御祭神健御名方命（たけみなかたのみこと）。

①鎮魂の泉

②英霊顕彰館

③浦安宮

④青葉城資料展示館シアター　写真は神社提供

れた小さな池。戦場で一滴の水も飲めず散華された神霊《みたま》の鎮魂のため建立されました。
②戦艦「大和」や空母「飛龍」など二mを超える精巧な百分の一スケールの軍艦の模型も見どころです。
③別宮。浦安宮の右宮は天照皇大神他三柱、左宮は青葉山に古くから鎮座する白水稲荷《はくすいいなり》大神と仙台藩祖伊達政宗がお祀りされています。
④館内シアターではCGにより青葉城本丸を復元上映。中でも大広間の障壁画のCGは一見の価値があります。

「奥州仙臺城鎮座」と「参拝日」が書かれ、社号印と「仙臺城護國神社」の印が押される。

社殿。堂々たる朱塗りの華やかな外観の拝殿。向かって左に浦安宮がある。

御祭神	宮城県、陸軍第二師団管内（福島新潟山形の一部）出身またはゆかりの国家のために一命を捧げられた神霊五六〇九一柱
創建年	明治三七年
主な祭典	春季例祭　四月二九日～五月一日、秋季例祭　十月二二日～二三日
受付時間	午前八時～午後五時
交通	バス「仙台城址」下車　徒歩一分

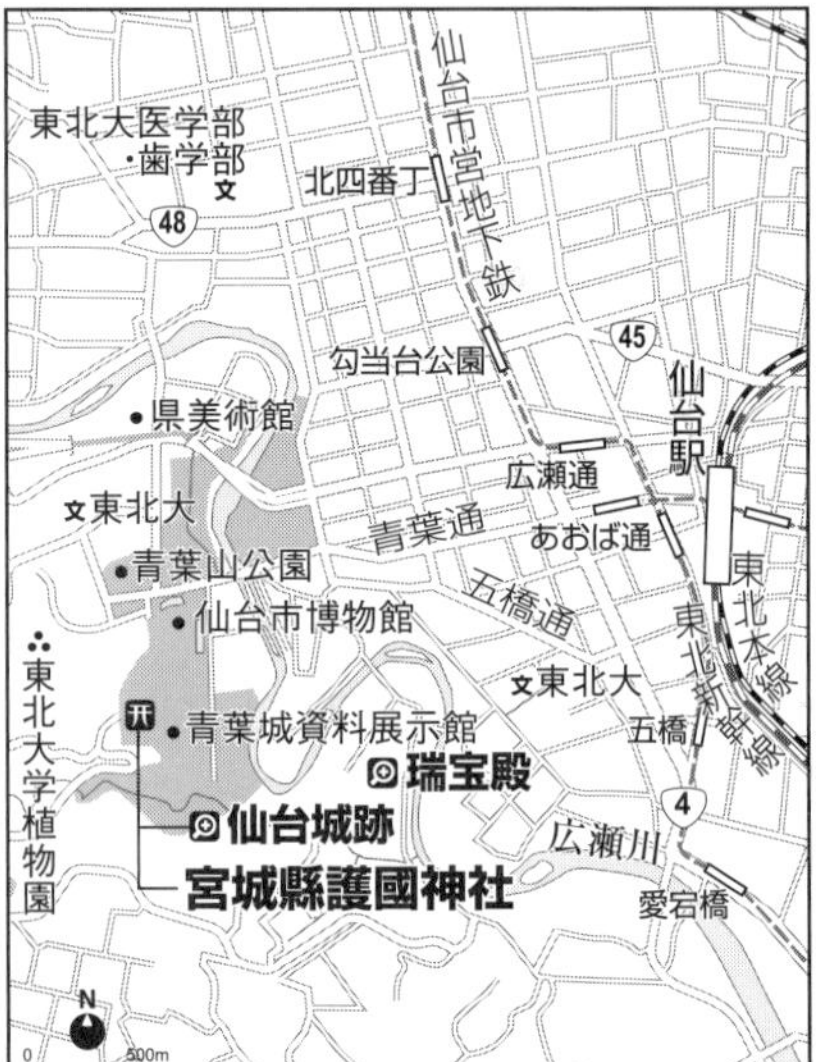

神社周辺の見どころ

仙台城跡 | 護国神社の境内

◆宮城県仙台市青葉区川内

眼下に仙台市を一望し太平洋を望む青葉山にあります。青葉山の東側は広瀬川に臨む断崖絶壁を外堀とする天然の要害で、現在も石垣が残ります。建造物は、唯一現存していた大手門が戦災で焼失し、現在大手門の脇櫓（写真）のみが外観復元されています。

瑞宝殿《ずいほうでん》 | 護国神社より東へ約1キロ

◆宮城県仙台市青葉区霊屋下

瑞宝殿は、仙台藩祖 伊達政宗の※霊屋。経ケ峯の森にある極彩色の華麗な霊廟。昭和54年に再建されました。周囲には2代藩主忠宗霊屋「感仙殿」、3代藩主綱宗の霊屋「善応殿」、9代藩主周宗らの墓所「妙雲界廟」、瑞宝殿資料館があります。

松島 | 護国神社より北東へ約24キロ

◆宮城県宮城郡松島町

日本三景の一つ。松島湾には約260もの島々が点在し、まさに絶景です。島々を巡る遊覧船に乗って海からの島々の眺望、「西行戻しの松公園」の展望台からの眺望がおすすめです。まだ周辺には、五大堂、瑞厳寺、鹽竈神社など神社仏閣も多く見どころ多数。

解説 霊屋（おたまや）：遺体を安置するために造られる建物。

山形縣護國神社

住所 山形県山形市薬師町二丁目八番七五号
電話 023（631）5086

神社前。境内は平面で、また社頭の駐車スペースも広いため参拝はとても便利。

霊鳥「鳳凰」が社殿に輝く護国神社

◆山形縣護國神社は、山形市の市街地のほぼ中心を流れる馬見ヶ崎《まみがさき》川の川端にあります。周辺は薬師公園や陸上競技場などがあり市民の散策憩いの場になっています。正月三が日の初詣参拝客は毎年十三万人を超え、山形県下の神社仏閣の中でも最多で、同神社は多くの山形県民の崇敬を集めています。

◆明治二年、戊辰《ぼしん》戦争で戦死された薩摩藩士の十人の慰霊顕彰のために山形市内に※小祠《しょうし》を建立したのが神社の創建です。明治八年には、「官祭招魂社」となり、その後山形市内で移転を重ねた後、昭和九年に現在地に場所を移して新しく社殿を建立しました。平成六年には拝殿を改築し現在の姿となりました。

◆境内の見どころ

①拝殿屋根の金箔で飾られた一対の鳳凰《ほうおう》は同神社の象

解説　小祠：小さいお社（やしろ）のこと。

①拝殿屋根正面の鳳凰の飾り

②拝殿の内部

③「山形縣招魂社」の社号標

④敷島神社

徴のように輝いています。鳳凰は伝説の霊鳥《れいちょう》です。

②拝殿内は冷暖房完備で、一年中快適に各種祭典や結婚式が行えます。また床面積も大変広く三〇〇名以上の参列者が着席できるようになっています。

③招魂社時代の社号標が境内に安置されています。同神社の歴史を今に伝える貴重な歴史的遺産です。

④境内社。※陸軍歩兵第三二連隊にあった※営内神社《えいないじんじゃ》の小祠を戦後移設したものです。護国神社境内に営内神社が現存するのは珍しい。

「奉拝」と「山形縣護國神社」と「参拝日」が書かれ神紋印と社号印が押される。

解説 陸軍歩兵第32連隊：大日本帝国陸軍の連隊の一つ。明治37年山形市の山形城跡へ移転。
営内神社：軍隊の施設内に鎮座する神社。

拝殿は銅板葺きの大きな華やかな屋根が印象的。左側に見える建物は授与所。

御祭神	山形県出身またはゆかりの、国家のために一命を捧げられた神霊四〇八四五柱
創建年	明治二年（現在地への遷座 昭和九年）
主な祭典	紀元節 二月十一日、例大祭 五月十一日、英霊感謝祭 八月十五日、秋季慰霊祭 十一月二日
受付時間	午前九時～午後五時三十分
交通	バス「千歳公園待合所前」下車 徒歩約五分

神社周辺の見どころ

山形城跡（霞《か》城公園）｜護国神社より西南へ約 1.2 キロ

◆山形県山形市霞城町

山形城跡の公園。遺構としては堀と石垣が残ります。近年、二の丸東大手門、本丸一文字門石垣などが順次復元されています。二の丸東大手門は木造で再建されており内部見学も可能です。城内には山形城の拡張整備した戦国武将最上義光の騎馬像があります。

立石寺《りっしゃく》 通称「山寺」｜護国神社より北東へ約12キロ

◆山形県山形市山寺

貞観2（860）年比叡山延暦寺の別院として慈覚大師（円仁）により創建された天台宗の古刹。岩山に張り付くように建立された寺院は独特の景観です。松尾芭蕉がこの境内で詠んだ俳句「閑さや 岩にしみ入る蝉の声」は、句集「おくのほそ道」の中でも最も有名です。

将棋塔（天童公園）｜護国神社より北へ約14キロ

◆山形県天童市大字天童字城山

天童市の市街地にも近い舞鶴山にある天童公園には、将棋駒の生産量全国一の天童市のシンボルとして建てられた将棋塔があります。この前で毎年4月「人間将棋」が行われます。将棋塔の「王将」は※大山康晴名人の書。公園の展望台からは月山や朝日連峰が一望できます。

解説　大山康晴：将棋十五世名人。日本将棋連盟会長も務めた名棋士。平成４年に満６９歳で没。公式タイトル獲得８０期、一般棋戦優勝４４回。

福島縣護國神社

住所 福島県福島市駒山一番地
電話 024（535）0519

神社前。信夫山登山道入口には同神社の一の鳥居があり神社前には二の鳥居がある。

山岳信仰の聖地「信夫山《しのぶ》」に鎮座

◆福島縣護國神社は、福島県北部の福島市にあります。福島県は東西に長い県で、太平洋側から「浜通り」「中通り」「会津地方」の三つの地方※から成り立っています。

◆福島県では、戊辰《ぼしん》戦争で戦死した同県出身の将兵を、浜通りでは相馬《そうま》で、中通りでは田村で、会津地方では会津若松で分かれて、それぞれ招魂社を設けて慰霊顕彰の祭祀を行っていました。明治十二年になり福島市の中心部に近い信夫山中腹の現在地に「官祭信夫山招魂社」を建立、県内全域のご出身の神霊《みたま》を合わせてお祀りすることとなり、これが神社の創建となりました。その後昭和十二年に現在の社殿が建立され、終戦後の米軍占領下の一時期社名を変更した際、伊勢神宮の天照皇大神を配祀神《はいししん》としてお祀りしました。

◆境内の見どころ（④は境内の外）

解説 三つの地方：福島県には、西側に奥羽山脈、東側に阿武隈高地という二つの南北に連なる山岳地帯があり、平野は三つの地方に分かれます。

①石の五重塔

②神楽殿

③信夫山天満宮

④黒沼神社の本殿

①皇紀二六〇〇年を記念し県民より奉納された石塔です。高さは約七ｍあります。平成二三年の東日本大震災で倒壊しましたが修理復興されました。
②神社の行事だけでなく、福島県民の様々なイベントにも広く利用されています。
③境内社。昭和六三年創建。全国の天満宮の総本社である福岡県の太宰府天満宮の東北地方初となる御分霊で、「東北の太宰府天満宮」ともいえるお社《やしろ》です。
④隣接する※黒沼神社の本殿は元の招魂社の本殿です。

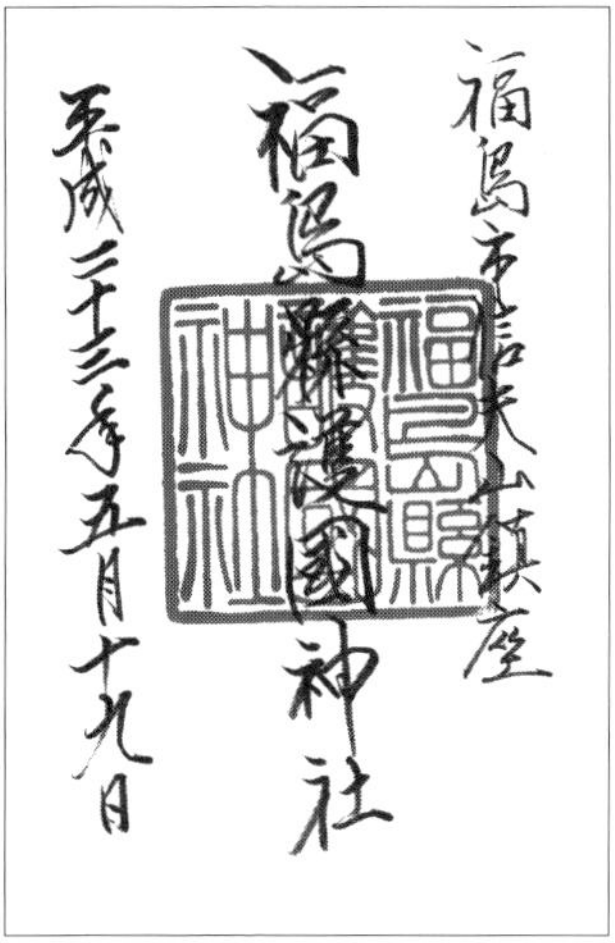

「福島市信夫山鎮座」と「福島縣護國神社」と「参拝日」が書かれ、社号印が押される。

解説 黒沼神社：約1750年前に創建された古社。御祭神の黒沼大神は、福島市が湖水であった頃の水神。

拝殿の左右に翼殿を配置する典型的な護国神社様式の社殿。後方の森林は信夫山。

御祭神	福島県出身またはゆかりの、国家のために一命を捧げられた神霊六八五〇〇余柱　天照皇大神
創建年	明治十二年
主な祭典	春季例大祭 四月二三日、秋季例大祭 九月二三日
受付時間	午前九時～午後五時
交通	バス「福島テレビ」または「体育館前」下車 徒歩約十分

神社周辺の見どころ

羽黒神社 | 護国神社より北へ約 0.7 キロ

◆福島県福島市御山

信夫山に鎮座する神社。信夫山は福島市の市街地の北部にある標高275mの山。5カ所の展望台から市内が一望。羽山、羽黒山、熊野山からなる山岳信仰の山でもあり、福島市の夏祭で東北六魂祭※の一つである「福島わらじまつり」は羽黒神社に由来するお祭です。

福島競馬場 | 護国神社より東へ約0.8キロ

◆福島県福島市松浪町

東北唯一のＪＲＡ中央競馬会の競馬場で、春（4月）夏（7月）秋（11月）の年3回開催されます。観客席の入場料は100円で、馬券を買わなくても入場可。福島競馬場の前身の「福島競馬倶楽部」は「信夫山招魂社（現在の福島縣護國神社）」の奉納競馬が起源となっています。

花見山公園 | 護国神社より南東へ約4.5キロ

◆福島県福島市渡利

個人の花卉（かき）園芸農家の方が昭和32年に無償で始められた公園で、現在も無料開放されています。面積は約５万㎡と広大。傾斜地に多くの植物が植えられ、特に春は、梅、花桃、桜、レンギョウ、ボケ、モクレンなど様々な花が咲き乱れ、山全体を鮮やかに彩ります。

解説 東北六魂祭：東北6県の県庁所在地の代表的な6つの夏祭りを一同に集めた祭。青森ねぶた祭、盛岡さんさ踊り、仙台七夕まつり、秋田竿燈まつり、山形花笠まつり、福島わらじまつり。

新潟縣護國神社

住所 新潟県新潟市中央区西船見町五九三二ー三〇〇

電話 025（229）4345

周辺は白砂青松百選34番「護国神社周辺の海岸」にも選定された美しい海岸公園。

白砂青松百選に選ばれた神社周辺

◆新潟縣護國神社は、新潟市中心部からもほど近い海岸公園にあります。参道沿いの松林は美しい景観と共に新潟市民の暮らしを守る保安林にもなっています。

◆慶応四年一月に戊辰《ぼしん》戦争が始まると新潟は、旧幕府軍側に参加した長岡藩と新政府軍側に参加した諸藩に分かれ激しい戦場となり多くの将兵が戦死しました。明治元年十月新潟市常盤岡に建立された招魂場で新政府軍と高田藩や※草莽隊《そうもうたい》など新潟県関係の戦歿者四一六人の慰霊祭を行ったのが神社の創建となりました。明治十年には社殿が建立されましたが、昭和二十年五月に現在地に場所を移し新たな社殿が竣工され遷座しました。平成七年には既存拝殿前に増築する形で大拝殿が建立されました。伊勢神宮瑞垣《みずがき》御門の遷宮古材も建具などに一部再利用されています。

解説 草莽隊：農民などの民間人の部隊のこと。

①大拝殿の内部

②戊辰役殉難者墓苑

③明治大学戦歿学徒忠霊殿

④迎賓館TOKIWA

◆境内の見どころ

①増築された大拝殿は、冷暖房完備で参列者一六〇名までの祭典が行えます。写真は大拝殿の内部正面の節《ふし》のない一本の桧の虹梁《こうりょう》※。見事な銘木です。

②戊辰戦争戦歿者の墓所。新政府軍だけでなく旧幕府軍（東西両軍）の慰霊碑も建立されています。

③明治大学出身の全国戦歿者慰霊顕彰施設です。

④境内にある結婚披露宴などが行われる建物。屋根の小ドームがクラシックなムードを演出しています。

「奉拝」と「新潟縣護國神社」と「参拝日」が書かれ、社号印と社務所印が押される。

解説 虹梁：神社建築での梁（はり）のこと。

社殿の航空写真。写真中央の大きな屋根の建物は増築された大拝殿。写真は神社提供。

御祭神	新潟県出身またはゆかりの、国家のために一命を捧げられた神霊七九七二九柱
創建年	明治元年（現在地への遷座 昭和二十年）
主な祭典	春季大祭 五月五日～八日、万燈みたま祭り 八月十四日～十六日、秋季大祭 九月八日
受付時間	午前九時～午後五時
交通	バス「岡本小路」下車 徒歩約五分

神社周辺の見どころ

新潟市水族館「マリンピア日本海」｜護国神社より北西へ約 0.2 キロ

◆新潟県新潟市中央区西船見町

老朽化のため約１年間の改修工事を行っていましたが、平成25年7月にリニューアルオープン。日本海大水槽があり日本海の魚類の展示が充実している水族館です。リニューアルで新潟の田んぼや池や小川などの自然を再現した「にいがたフィールド」が新設されました。

Befco《べふこ》ばかうけ展望室（朱鷺メッセ）｜護国神社よりより東へ約2.6キロ

◆新潟県新潟市中央区万代島

朱鷺メッセの31階にある展望室です。地上125mの高さからの眺望を楽しめます。眼下には新潟市街地、信濃川、新潟港などが広がり、佐渡島や五頭連峰が望むことができます。日本海に沈む夕日を眺めるのがおすすめで、夜は10時まで営業しています。

信濃川ウォーターシャトル（朱鷺メッセ乗船場）｜護国神社より東へ約2.6キロ

◆新潟県新潟市中央区万代島

河口の「みなとぴあ」から、「※新潟ふるさと村」をつなぐ、信濃川の水上バス。朱鷺メッセや萬代(ばんだい)橋西詰、万代シテイ、県庁前にも乗船場があります。所要45分の観光周遊便もあります。写真は信濃川にかかる萬代橋で国の重要文化財に指定されています。

解説　新潟ふるさと村：新潟県営の観光情報発信施設。県下の各物産の展示販売、郷土料理のレストランなどもある。

群馬縣護國神社

住所 群馬県高崎市乗附町二〇〇〇
電話 027(322)6309

神社前。この鳥居から社殿前庭まで、観音山の緑が美しい坂道が続く。

上毛《じょうもう》三山を見晴らす観音山に鎮座

◆群馬縣護國神社は、高崎市の郊外の丘陵地観音山の東の麓にあります。観音山には大同三(八〇八)年坂上田村麿の創建と伝えられる清水寺があります。同寺の本尊は千手観音菩薩で山の名前の由来にもなりました。山の上の各所からは関東平野の雄大な景色が望めます。同神社の大鳥居前の道が観音山への登山口になっています。終戦前までは、同神社の境内東から現高崎市役所にかけて、群馬県の郷土部隊の陸軍歩兵第十五連隊があり、高崎市は県下最大の軍都でもありました。

◆群馬県では、明治維新以来の様々な国難に殉じた同県出身者の神霊をお祀りするために、明治四二年「群馬県招魂会」が結成され、高崎公園内(高崎市役所南側)に「英霊殿」が建立され毎年招魂祭が行なわれていました。この招魂祭を継承して、昭和十四年に「群馬縣護國神社」を建立することが決定。昭和十六年に現在地に社殿が完成しこれが神社の創建となりました。

◆境内の見どころ

①県内有志の方々により建立された鎮魂の祈りの石碑。

②戦歿者の遺品、遺書、絵画などが展示されています。

③四本脚の木製の燈籠は珍しく、重厚感のある姿を見せています。創建時に社殿と共に建立されたものです。

④県内外を問わず、一般の方のための永代納骨堂です。静寂な境内の森の中にあります。

①「平和の礎（いしずえ）」の石碑

②遺品館

③木製燈籠

④祖霊殿

「奉拝」と「群馬縣護國神社」と「参拝日」が書かれ、社号印と社紋をアレンジした印が押される。社紋は※上毛三山を象形化。

解説　上毛三山：群馬県の山、赤城山（あかぎやま）・榛名山（はるなさん）・妙義山（みょうぎさん）。

拝殿の左右に翼殿を配置する典型的な護国神社様式の社殿。社殿に向かって左手に観音山。

御祭神	群馬県出身またはゆかりの、国家のために一命を捧げられた神霊四七二七二柱
創建年	昭和十六年
主な祭典	新年万灯祭 一月一日～十日、春大祭 五月二日、秋大祭 十一月二日
受付時間	午前九時～午後四時三十分
交通	JR「高崎」駅西口下車 タクシー約十分

神社周辺の見どころ

新島襄旧宅 | 護国神社より西へ約８キロ

◆群馬県安中市安中

新島襄は天保14（1843）年安中藩士の子として江戸神田に生まれ、21歳で渡米しキリスト教徒となり、帰国後父母の住む安中へ一時帰郷、キリスト教を伝道しました。このときの父母の住居が新島襄旧宅として安中市に保存されています。周辺には「※磯部温泉」があります。

富岡製糸場 | 護国神社より南西へ約 12 キロ

◆群馬県富岡市富岡

明治5年「富国強兵・殖産興業」のスローガンの下で、当時輸出品の主力だった生糸の生産量・品質を向上させるため明治政府が設立した製糸工場です。当時の工場施設がほぼ完全な状態で現存しています。建造物の多くは国の重要文化財に指定されています。

碓氷峠《うすいとうげ》鉄道文化むら | 護国神社より西へ約22キロ

◆群馬県安中市松井田町横川

交通の難所であった※碓氷峠の鉄道文化とその歴史を学べ楽しめる鉄道テーマパーク。鉄道史料を展示する資料館、国鉄、JRの車両の屋外展示の他、園内を一周する本物の蒸気機関車、ミニSLなど体験施設も充実。電気機関車運転体験もできますが事前申し込みが必要。

解説 磯部温泉：地図の温泉記号（♨）の発祥の地。
碓氷峠：群馬県安中市と長野県軽井沢町との境にある峠。標高は約960m。

栃木縣護國神社

住所　栃木県宇都宮市陽西町一番三七号
電話　028（622）3180

神社前。写真の一の鳥居前の道路は宇都宮駅前の大通りとなっている。

玉砂利の社殿前庭が美しい護国神社

◆栃木縣護國神社のある宇都宮市は戊辰《ぼしん》戦争では関東最大の激戦地となりました。慶応四年四月宇都宮藩は新政府軍として、旧幕府軍の伝習隊※や土方歳三が率いる新撰組と宇都宮城の激しい争奪戦を行い旧幕府軍を敗走に追い込みますが、戦火により城と城下の建物はほとんどが焼失し、多くの藩士が戦死しました。

◆明治五年、戊辰《ぼしん》戦争で戦死した宇都宮藩第六代藩主戸《と》田《だ》忠恕《ただゆき》と藩士ら九六人の慰霊顕彰のために、宇都宮藩知事戸《と》田《だ》忠友《ただとも》らによって宇都宮市馬場町に「宇都宮招魂社」が建立され、これが神社の創建となりました。昭和十五年には現在地に場所を移して社殿を新築し今日の姿となりました。

◆境内の見どころ

①社殿前の広い境内前庭には一面に玉砂利が敷き詰め

解説　伝習隊：江戸幕府が編成した陸軍精鋭部隊。フランス軍事顧問団の直接指導を受け、戊辰戦争では旧幕府軍の主力として戦った。

①社殿前庭の玉砂利

②万葉歌碑

③清香園

④資料館

られています。この玉砂利は現社殿建立時に、大人から子供まで多くの県民が勤労奉仕をし、手で河原から運んだものです。全国の護国神社の中で全面玉砂利敷きの社殿前庭をもつのは同神社だけです。
②※下野《しもつけ》国の※防人《さきもり》、今奉部与曾布《いままつりべのよそふ》の歌碑。「今日よりは顧みなくて大君《おおきみ》のしこの御楯《みたて》と出《いで》で立つ我は」（万葉集）
③護國会館の隣には日本庭園「清香園」があります。
④戦歿者の遺品をはじめ、神社関係資料や、旧日本軍の軍装品などが収蔵されています。見学は要連絡。

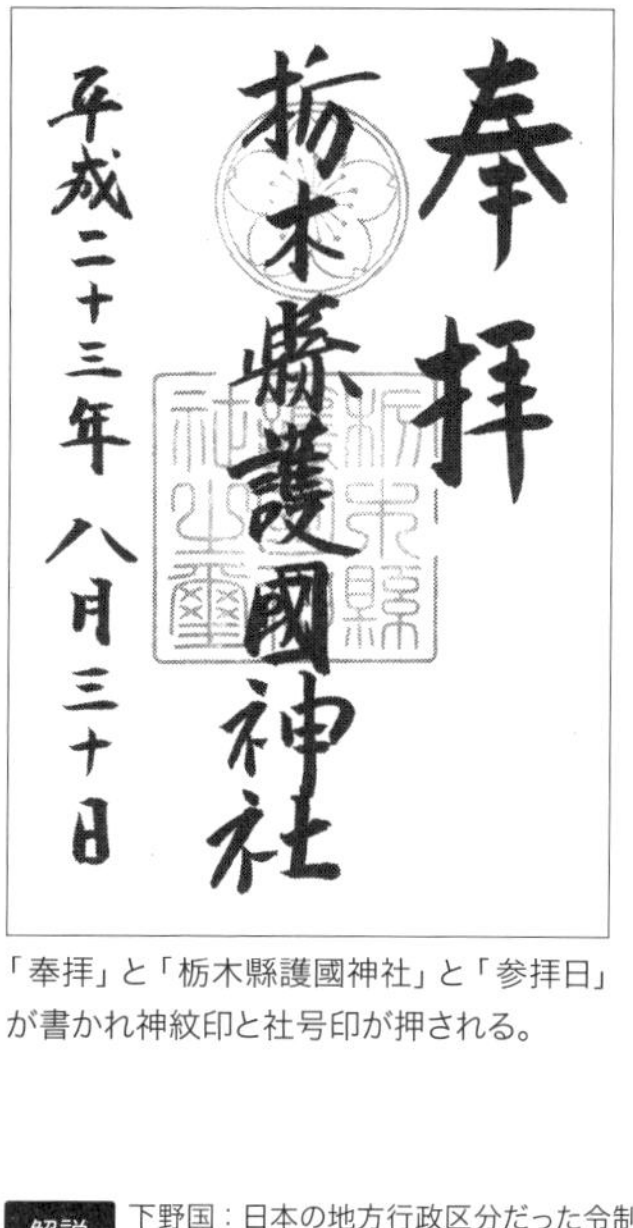

「奉拝」と「栃木縣護國神社」と「参拝日」が書かれ神紋印と社号印が押される。

解説 下野国：日本の地方行政区分だった令制国の一つで、現在の栃木県に相当。
防人：古代、沿岸警備のために九州におかれた兵。

拝殿の左右に翼殿を配置する典型的な護国神社様式の社殿。本殿屋根の※千木、※鰹木が美しい。

御祭神	栃木県出身またはゆかりの、国家のために一命を捧げられた神霊五五三六一柱
創建年	明治五年（現在地への遷座 昭和十五年）
主な祭典	例大祭 四月二八日、みたままつり 八月十三日～十六日
受付時間	午前九時～午後五時
交通	バス「作新学院前」下車 徒歩約一分

解説 千木（ちぎ）：屋根の最上部の両端の部分に交叉させ突き出た部材。
鰹木（かつおぎ）：屋根の最上部の長い部分（棟）に直角になるように平行に並べた部材。

宇都宮タワー ｜護国神社より東へ約 2.5 キロ

◆栃木県宇都宮市塙田

市街地に近い八幡山公園内にある高さ89mの電波塔。展望台の高さは30mしかありませんが、もともとタワーが高い位置（標高158m）に設置されているため、展望は大変良く関東平野の地平線を一望できる他、那須・日光連山なども眺めることができます。

大谷《おおや》公園 ｜護国神社より北西へ約 4.5 キロ

◆栃木県宇都宮市本大谷町

宇都宮の特産物「※大谷石」の元採石場にある公園。戦歿者の慰霊と世界平和を祈念して大谷石の自然の岩壁に直接掘られた高さ27mの平和観音像の完成に合わせ昭和31年に開園。大谷石でできた洞穴内にお堂がある、日本屈指の洞窟寺院として有名な大谷寺が隣接します。

日光 ｜護国神社より北西へ約25キロ

◆栃木県日光市上鉢石町

日光二荒山神社、日光東照宮、日光山輪王寺と周辺地域は平成11年「日光の2社1寺」として世界文化遺産に登録されました。写真の神橋は日光山への入り口にあり中禅寺湖から流れる大谷（だいや）川に架かる橋で国の重要文化財に指定され日光を代表する景観となっています。

解説　大谷石（おおやいし）：約2000万年前の海底火山の噴火により噴出した火山灰が海底に蓄積してつくられたもので地質学的には「凝灰岩」と呼ばれる。柔らかく加工しやすい。

茨城縣護國神社

住所 茨城県水戸市見川一丁目二の一
電話 029（241）4781

神社前。大鳥居の後方の山は護国神社が鎮座する桜山で石段周辺には慰霊碑がある。

四季の花々が美しい護国神社

◆茨城縣護國神社は、ＪＲ水戸駅のすぐ西側の千波湖《せんば》を中心に広がる千波公園の西隣にあります。同公園の北隣には、日本三名園の一つ偕楽園《かいらく》があります。

◆幕末から明治維新にかけて数々の内乱で亡くなった多くの水戸藩士の慰霊顕彰のために、明治十一年※常磐神社《ときわじんじゃ》の境内に「鎮霊社」を建立したのが神社の創建です。昭和十四年内務大臣より護国神社令が発せられ、茨城県においても県を代表する護国神社の創建が決定されます。これを受け昭和十六年十一月に現在地に新たに社殿を建立、遷座し現在の姿になりました。

◆境内の見どころ

①境内には三〇〇〇本以上の紫陽花が植えられています。六月中旬から約一カ月間見頃を迎えます。写真の「顕勲《けんくん》の塔」も周囲は紫陽花で囲まれています。

解説 常磐神社：偕楽園の東隣に鎮座する神社、御祭神は水戸光圀。

①花々に囲まれた「顕勲の塔」

②さくら山遺品館

③桜ノ宮

④しあわせ石

②戦歿者の遺品や戦争の記録などが展示されています。戦歿者の遺徳を偲び戦争の悲惨さを後世に伝えるために平成二四年に開設されました。

③末社。御祭神は※木花開耶媛の命《このはなさくやひめのみこと》で古事記、日本書紀にも登場する女神です。朱色の鳥居が印象的。

④「この石は桜ノ宮の御祭神『木花開耶姫』の御神徳により願事を念じながら両手で撫でることにより、どんな事でも叶えられるしあわせをもたらす石です」(説明書きより)

「奉拝」と「茨城縣護國神社」と「水戸桜山」と「参拝日」が書かれ、神紋印と社号印が押される。

社殿の前は四季を通じて神社職員の手によって育てられた美しい花々が飾られている。

御祭神	茨城県出身またはゆかりの、国家のために一命を捧げられた神霊六三四九六柱
創建年	明治十一年（現在地への遷座 昭和十六年）
主な祭典	春季例大祭 四月十日、秋季例大祭 十一月十日
受付時間	午前八時～午後五時
交通	バス「桜山」下車 徒歩約五分

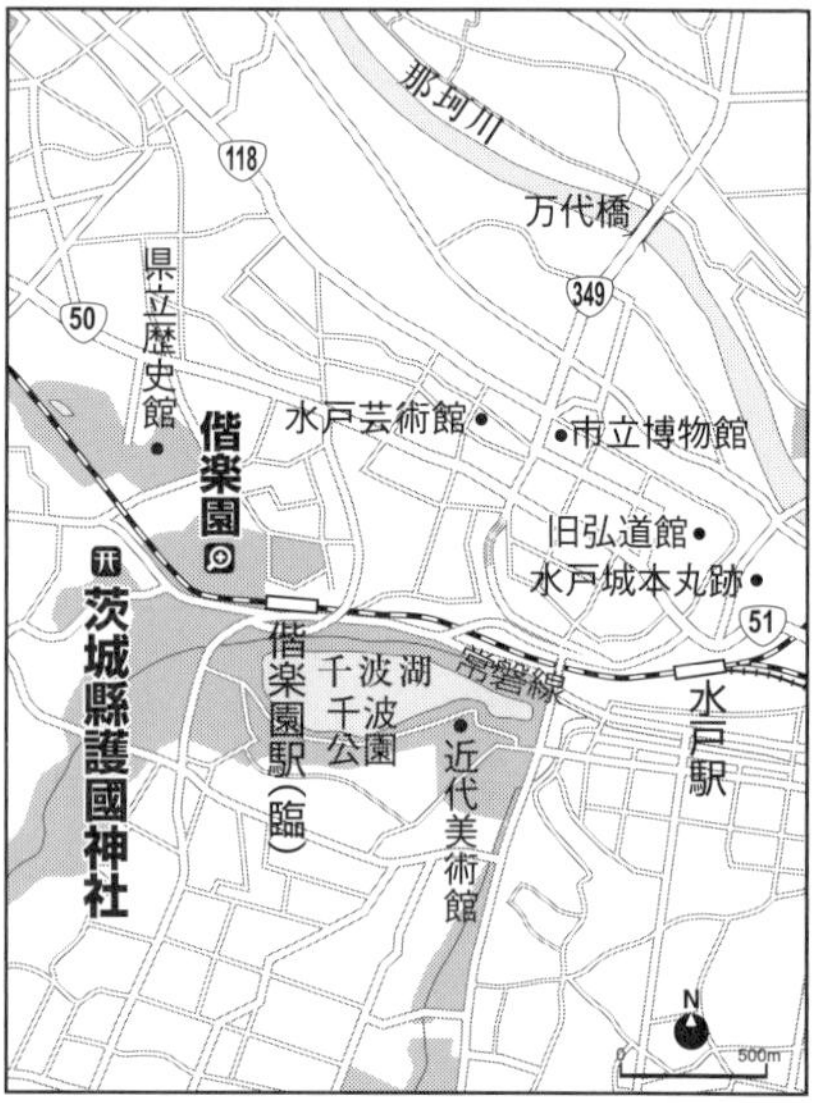

神社周辺の見どころ

偕楽園《かいらくえん》｜護国神社より東へ 0.2 キロ

◆茨城県水戸市常磐町

日本三名園の一つ。天保13（1842）年水戸藩第9代藩主徳川斉昭によって造園されました。広々とした園内は梅林が有名で、約100品種3000本ほどの梅が植えられています。好文亭は藩主が茶会などを催すために建てられた御殿で、水戸空襲で焼失しましたが昭和30年復元されました。

笠間稲荷神社｜護国神社より西へ約 20 キロ

◆茨城県笠間市笠間

日本三大稲荷の一つ。御祭神は「宇迦之御魂神」で、あらゆる産業の守護神として多くの信仰を集め年間参拝者数は350万人を数えます。創建は白雉2（651）年、1350余年の歴史があります。本殿は国の重要文化財で、外壁3方の精巧で美しい飾り彫り（写真）は必見です。

予科練記念館「雄翔館」（陸上自衛隊土浦駐屯地）｜護国神社より南西へ約45キロ

◆茨城県稲敷郡阿見町青宿

大東亜戦争では特攻隊員として多くの※海軍飛行予科練修生出身兵士が戦死しました。その訓練基地の一つであった海軍土浦航空隊跡地（現陸上自衛隊土浦駐屯地武器学校）に「雄翔館」はあり、戦歿者の遺影遺品などが展示されています。事前予約なく参観可能です。

解説　海軍飛行予科練修生：旧海軍における志願制の航空兵養成制度の一つ。通称「予科練」。

千葉縣護國神社

住所　千葉県千葉市中央区弁天三—十六—一
電話　043（251）0486

神社前。千葉公園の西側の入口の隣に位置する。

千葉市中心「千葉公園」隣に鎮座

◆千葉縣護國神社は、JR千葉駅の北側の「千葉公園」の西隣にあります。千葉公園は終戦までは、戦地での鉄道敷設を任務としていた陸軍第一鉄道連隊があったところです。

◆明治十一年に柴原和初代※県令《けんれい》により、千葉県庁隣の公園に「千葉縣招魂社」が建立され、国難に殉じられた佐倉藩士の神霊《みたま》十六柱をお祀りしたのが神社の創建となりました。その後昭和十二年に千葉市亥鼻《いのはな》山へ移転し、昭和十八年には新社殿を建立しましたが、昭和二十年七月の千葉大空襲によりその社殿はすべて焼失しました。戦後は仮の社殿で祭祀を続けていましたが、昭和四二年に現在地に場所を移して新しく社殿を造営し、現在の姿となりました。

◆境内の見どころ（③④は境内の外）

解説　県令：明治4年の廃藩置県によって各県におかれた県の長官。現在の県知事。

①御神門

②天皇陛下皇后陛下御親拝記念碑

③千葉県忠霊塔

④シベリア強制抑留戦歿者千葉県慰霊碑「大地」

①御神門は拝殿と調和のとれた美しいデザインです。

②天皇皇后両陛下御親拝記念、皇太子同妃両殿下御参拝記念の石碑、両陛下、両殿下とも昭和四九年十一月御親拝御参拝をされました。

③千葉県が建立した、日清戦争以降の戦歿者追悼施設です。同神社境内の東隣にあり、毎年八月十五日に千葉県主催で「戦歿者追悼式」が行われます。忠霊塔の前の広場には多くの戦歿者慰霊碑が建立されています。

④その広場の中のシベリア強制抑留※戦歿者慰霊碑。

「奉拝」と「千葉縣護國神社」と「参拝日」が書かれ、神紋印と社号印が押される。

解説　シベリア強制抑留：大東亜戦争終結直後ソ連軍が行った捕虜日本軍兵士などの抑留とシベリアでの強制労働。抑留総数60万人以上、死亡者は7万人以上と言われる。

屋根に高々と飾られた千木、鰹木が印象的な社殿。拝殿（鞘殿）内に木造の本殿が鎮座する。

御祭神	千葉県出身またはゆかりの、国家のために一命を捧げられた神霊五七八二八柱
創建年	明治十一年（現在地への遷座 昭和四二年）
主な祭典	春季例大祭 四月十日、秋季例大祭 十月十日
受付時間	午前九時〜午後五時
交通	ＪＲ「千葉」駅下車 徒歩約十五分

神社周辺の見どころ

千葉ポートタワー | 護国神社より南西へ約 2.4 キロ

◆千葉市中央区中央港

昭和61年にオープンした千葉港にある高さ125mの展望施設。鉄骨を強化ガラスで覆ったタワー。周辺には幕張新都心や日本初の人工海浜いなげの浜、千葉港を中心とした京葉工業地帯、東京湾アクアラインや東京スカイツリーなど東京湾を望むことができます。

佐倉城跡 | 護国神社より北東へ約 15 キロ

◆千葉県佐倉市城内町

江戸時代に※佐倉藩の藩庁のあった佐倉城の城跡公園。城の建造物は明治初期にすべて取り壊されました。石垣がまったくない城郭で、干拓以前の広大だった印旛沼を外堀の一部に使用し、現在も土塁や空堀跡などが残されています。国立歴史民俗博物館が隣接します。

成田山新勝寺 | 護国神社より北東へ約27キロ

◆千葉県成田市成田

天慶3（940）年宇多天皇の孫にあたる寛朝により開山された真言宗智山派の大本山の一つ。御本尊は不動明王。大阪府寝屋川市をはじめ全国各地に別院を有しています。仁王門、三重塔など国の重要文化財も多数。隣接する美しく広大な庭園の成田山公園は必見です。

解説　佐倉藩：下総印旛（しもうさいんば）郡におかれた藩。藩主堀田氏。譜代大名。藩主から幕閣を多数輩出した。

埼玉縣護國神社

住所 埼玉県さいたま市大宮区高鼻町三―一四九
電話 048（641）6070

神社前。境内すぐ前には広大な大宮公園の森が広がり、森は氷川神社にもつながる。

広大な都市公園「大宮公園」隣に鎮座

◆埼玉縣護國神社は、広大な県営公園「大宮公園」の西端に隣接します。大宮公園は明治初期の頃までは氷川《ひかわ》神社の境内地でしたが、明治三一年に埼玉県初の県営公園として開園しました。同公園は明治時代から関東でも有数の都市公園で、多くの文人にも愛され、正岡子規、夏目漱石、森鴎外、田山花袋らが公園を訪れ作品に描写しています。物理学者であった寺田寅彦※は、随筆「写生紀行」の中で東京から油絵の稽古目的で訪れた大宮公園、大宮駅などの様子を書き残しています。

◆埼玉県には明治維新以後県内各地にその地元出身の戦歿者の神霊《みたま》をお祀りする招魂社が建立されましたが県全体を代表する招魂社はなく、毎年臨時の場で仮設の祭壇を設けて県出身戦歿者の慰霊祭祀を行っていました。昭和六年に満州事変が起こり、戦歿者の数が急

解説 寺田寅彦：戦前の日本の物理学者で東京帝国大学教授。随筆家、俳人でもあった。

①大宮公園内にある社号標

②花壇に咲く特攻花

③遺品展示館

④24糎艦砲弾

増し慰霊顕彰の重要性が県内で議論され、昭和九年四月に現在地に「埼玉縣招魂社」が建立されました。

◆境内の見どころ

①社号標と鳥居は現大宮公園内にあり、創建時の境内は現在より広かったことがわかります。

②鹿児島県の※陸軍知覧《ちらん》飛行場で、特攻隊員に贈られた花。

③戦歿者の遺影遺書手紙などが展示されています。見学は社務所の窓口へ要連絡。

④艦砲弾の実物が展示されています。

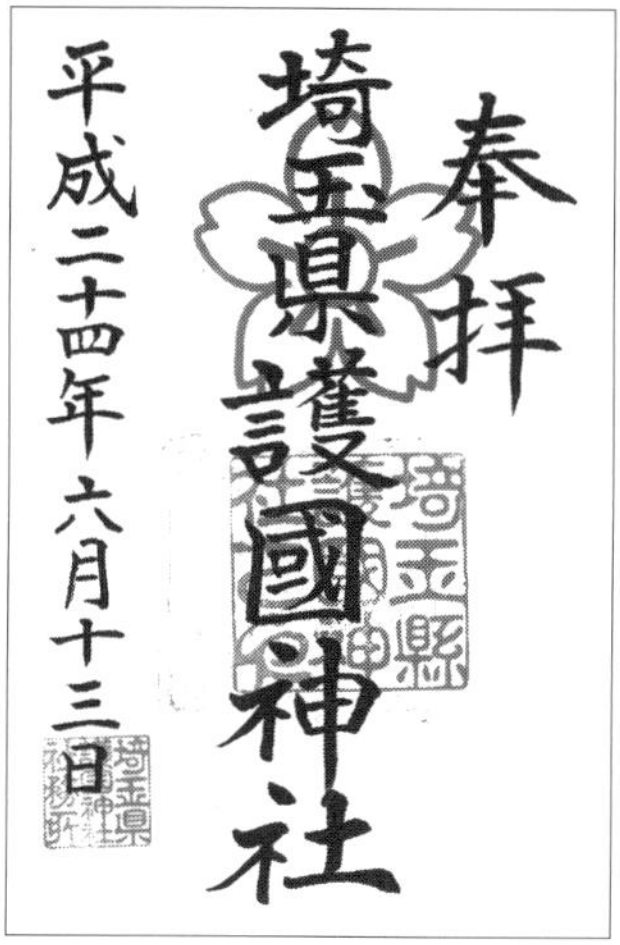

「奉拝」と「埼玉県護國神社」と「参拝日」が書かれ、神紋印と社号印が押される。

解説 陸軍知覧飛行場：鹿児島県薩摩半島にある。昭和20年特攻隊の出撃基地となった。

銅板葺き神明造の大きな屋根の高く突き出した千木、５本の鰹木が印象的な社殿。

御祭神	埼玉県出身またはゆかりの、国家のために一命を捧げられた神霊五二八〇柱
創建年	昭和九年
主な祭典	例大祭 四月九日、みたま祭 八月十五日
受付時間	午前九時～午後四時
交通	東武野田線「北大宮」駅下車 徒歩約五分

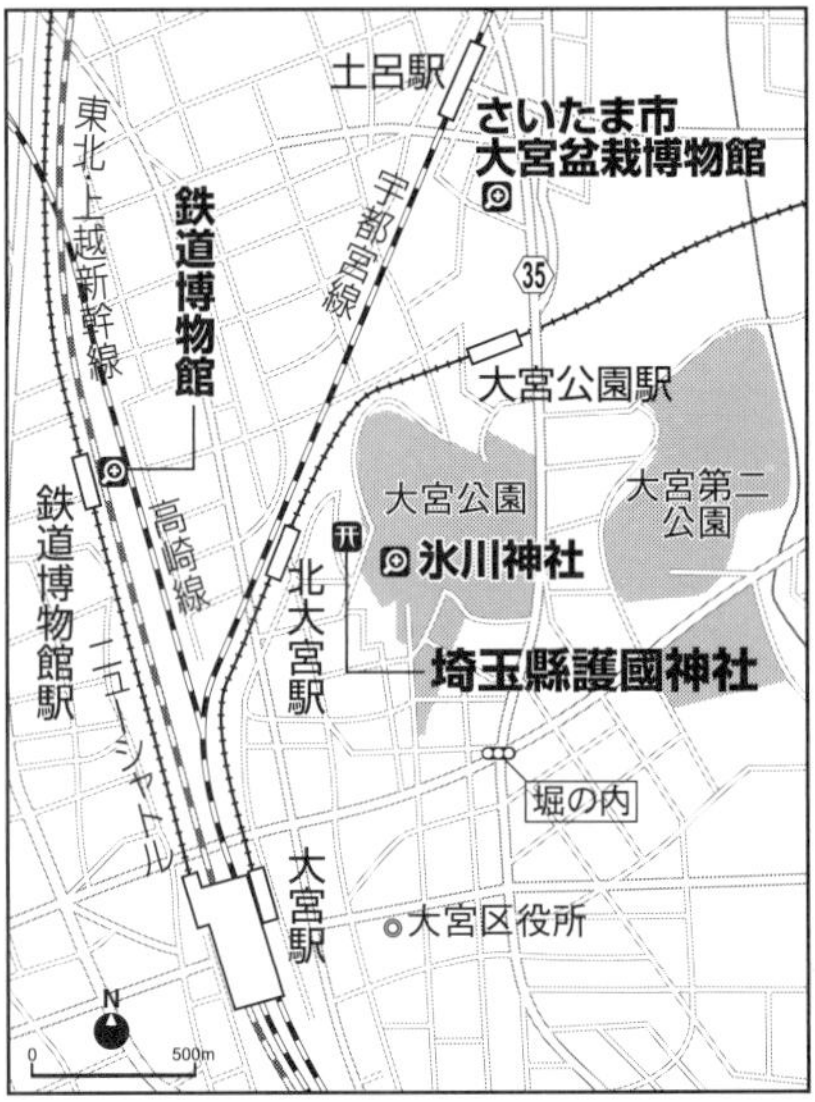

神社周辺の見どころ

氷川《ひかわ》神社｜護国神社より南東へ約 0.4 キロ

◆埼玉県さいたま市大宮区高鼻町

御祭神は、須佐之男命、稲田姫命、大己貴命。首都圏に多い氷川神社の総本社で、第5代孝昭天皇の時代の創建と伝えられ約2400年の歴史をもつ全国でも屈指の古社。武蔵国一の宮として広く関東一円から崇敬されています。※四方拝で遥拝される神々のうちの一つ。

さいたま市大宮盆栽博物館（大宮盆栽村）｜護国神社より南へ約 1.3 キロ

◆埼玉県さいたま市北区登呂町

平成22年に開館。多くの盆栽を展示し大宮盆栽村の歴史を紹介しています。博物館の周辺は現在も多くの盆栽園があります。大正12年関東大震災が起こり、復興後東京の都市化の波におされた駒込にあった盆栽職人たちは、郊外に新天地を求めて大宮に移転しました。

鉄道博物館｜護国神社より西へ約1キロ

◆埼玉県さいたま市大宮区大成町

平成19年に開館。機関車や電車や新幹線などの過去の車両は屋内展示になっており、どれも大変きれいで見学しやすくなっています。また大ジオラマを駆け抜ける鉄道模型は迫力満点。鉄道車両をアレンジしたお子様向けの遊戯施設もあり、家族連れでも楽しめます。

解説 四方拝（しほうはい）：元日の早朝に、宮中で今上天皇が四方の諸神を拝される儀式。

山梨縣護國神社

境内は巨木に囲まれた深い緑の中にある。銅板葺仕上の二の鳥居が美しい。

住所　山梨県甲府市岩窪町六〇八番地
電話　055（252）6371

甲斐八景「名月竜華秋月《りゅうげしゅうげつ》」の護国神社

◆山梨縣護國神社は、甲府藩主柳沢吉保《やなぎさわよしやす》が創建した「永慶寺」跡にあります。享保九（一七二四）年に甲斐国が江戸幕府直轄領となり、柳沢氏は大和郡山藩に移封され永慶寺は廃寺となりました。同神社の社殿はその永慶寺の本堂跡にあり、社殿真上に浮かぶ秋の名月は※柳沢吉里《やなぎさわよしさと》が選定した「甲斐八景」の一つ「竜華秋月《りゅうげしゅうげつ》」で、秋の名月の夜は多くの参拝の方々が訪れます。

◆明治十二年山梨県神道事務局の提案により、西南戦争で戦死した山梨県出身者の慰霊顕彰のために甲府市太田町に「招魂社」を建立したのが神社の起源です。昭和十四年に明治以来の同県出身の全戦歿者の神霊《みたま》をお祀りする護国神社の現在地への建立が決定しました。昭和十九年十一月には現在の社殿が竣工し、鎮座奉祝大祭が行われ、神社の創建となりました。

解説　柳沢吉里：江戸時代中期の大名。甲斐甲府藩の第2代藩主。後、大和郡山藩の初代藩主。

①納骨堂

②扉を開けた納骨堂

③山梨宮（やまなしのみや）

④父の像と史実資料館（奥の建物）

◆境内の見どころ

①山梨県出身の戦歿者の分骨が奉安されています。

②は納骨堂の扉を開けた写真。参拝は社務所へ要連絡。

③摂社。生前社会公共のために貢献された学者、開拓者の方々八柱と、山梨県の殉職自衛官の神霊をお祀りしています。昭和二七年建立。

④戦歿者の遺品遺書、遺骨収集の写真、陸軍歩兵第四九連隊旗などが常時展示されています。見学は要連絡。写真の手前の銅像は遺族会の建立による父の像です。

「奉拝」と「山梨縣護國神社」と「参拝日」が書かれ、社号印と社務所角印が押される。

拝殿左右に翼殿を配置する典型的な護国神社様式の社殿。後方は秩父山地にも続く天然の森林。

御祭神	山梨県出身またはゆかりの、国家のために一命を捧げられた神霊二五〇四七柱
創建年	昭和十九年
主な祭典	春季例大祭 四月五日、秋季例大祭 十月五日
受付時間	午前九時～午後四時三十分
交通	ＪＲ「甲府」駅下車 北口よりタクシー約十分

神社周辺の見どころ

武田神社 | 護国神社より西へ約 0.5 キロ

◆山梨県甲府市古府中町

戦国時代、武田信虎、信玄、勝頼の三代が住んだつつじが崎館（武田氏館）の跡地に、大正8年に建立された神社。御祭神は信玄。社殿の他、武田家ゆかりの武具や資料を収めた宝物殿があります。神社の周囲は堀が巡らされた土塁になっており日本百名城にも指定されています。

甲府城跡（舞鶴城公園）| 護国神社より南へ約 2 キロ

◆山梨県甲府市丸の内

武田氏滅亡後、武田氏館に代わる城として豊臣政権の重臣浅野長政らによって築城されました。近年、門や櫓が復元され城跡として整備が進んでいます。天守台と曲輪の石垣群は、※野面積みで構築されており、重厚感がありこの城跡の最大の見どころとなっています。

身延山久遠寺《みのぶさんくおんじ》 | 護国神社より南へ約33キロ

◆山梨県南巨摩郡身延町身延

日蓮宗の総本山。文永11（1274）年に日蓮聖人が草庵を構えたのが始まり。巨大な三門を抜けて長い石段を上ると、大きなお堂が立ち並んでいます。石段を登らず本堂に行くエレベータもあります。身延山頂へは大本堂裏の裏にのりばがある身延山ロープウェイで登ります。

解説 野面積み（のづらづみ）：石垣の石の組み方の一つ。自然石をそのまま積み上げる方法。排水性に優れており頑丈。

長野縣護國神社

住所 長野県松本市美須々六番一号
電話 0263（36）1377

神社前。境内は約3.3万㎡と広大、木々は創建時に県内各地より献木されたもの。

国宝「松本城」の城下町に鎮座

◆長野縣護國神社は、長野県のほぼ中央に位置する松本市にあります。松本市は、県庁所在地長野市と並ぶ長野県の二大都市で、明治四一年陸軍歩兵第五十連隊が、仙台市から松本市へ長野県を代表する連隊として移転されてきました。その連隊の場所は現在同神社東の信州大学のキャンパスとその周辺で、松本市は同連隊を中心にして軍都としても発展していきました。

◆昭和十三年十一月、陸軍歩兵第五十連隊に隣接する現在地に仮殿が建立され「長野縣招魂社」として鎮座祭が行われたのが神社の創建です。昭和十七年には社殿が建立され現在の姿となりました。

◆境内の見どころ

①社殿に向かって左側の翌殿前に掲げられる干支の大絵馬。※大祓式《おおはらえしき》の日に大絵馬のデザインが発表され、

解説　大祓式：6月と12月の最後の日に行われる除災行事。6月の大祓を夏越の祓（なごしのはらえ）、12月の大祓を年越の祓という。

①干支の大絵馬

②ニューギニア島戦歿者慰霊碑「嗚呼戦友」

③弓道場

④美須々会館

長野県の年末恒例の風物詩にもなっています。通常サイズの絵馬としても通年授与されています。

②第一鳥居の前にある慰霊碑。木曽やアルプスなど長野県内で採取された自然石で築かれています。※ニューギニアでは約十八万人の日本の将兵、長野県出身者約二八〇〇人の将兵が戦死戦病死されました。

③昭和四一年に青少年の育成を目的に建設されました。県内の各種の弓道大会が開催されています。

④結婚式場などの多目的施設です。参拝者の利用も可。

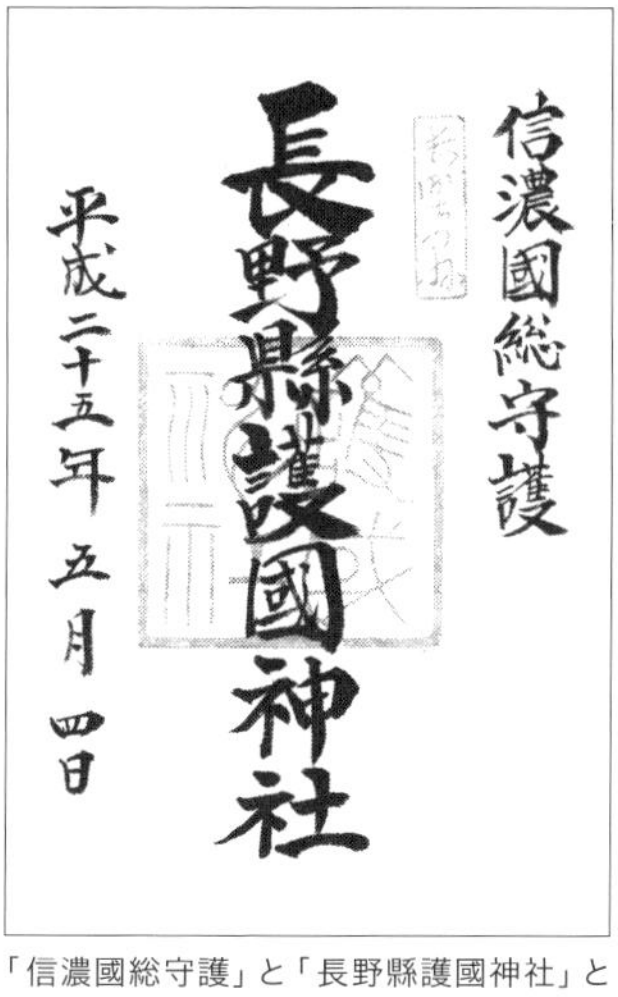

「信濃國総守護」と「長野縣護國神社」と「参拝日」が書かれ、「長野県」と「護國神社」の印が押される。

解説 ニューギニア：オーストラリアの北の面積日本の約2倍の大きな島。現在は西半分はインドネシア、東半分はパプアニューギニアの領土。

拝殿の左右に翼殿を配置する典型的な護国神社様式の社殿。左側翼殿に大絵馬を掲げる。

御祭神	創建年	主な祭典	受付時間	交通
長野県出身またはゆかりの、国家のために一命を捧げられた神霊六四〇〇〇余柱	昭和十三年	例祭 四月二九日、三〇日	午前九時～午後五時	バス「追分」下車 徒歩約一分

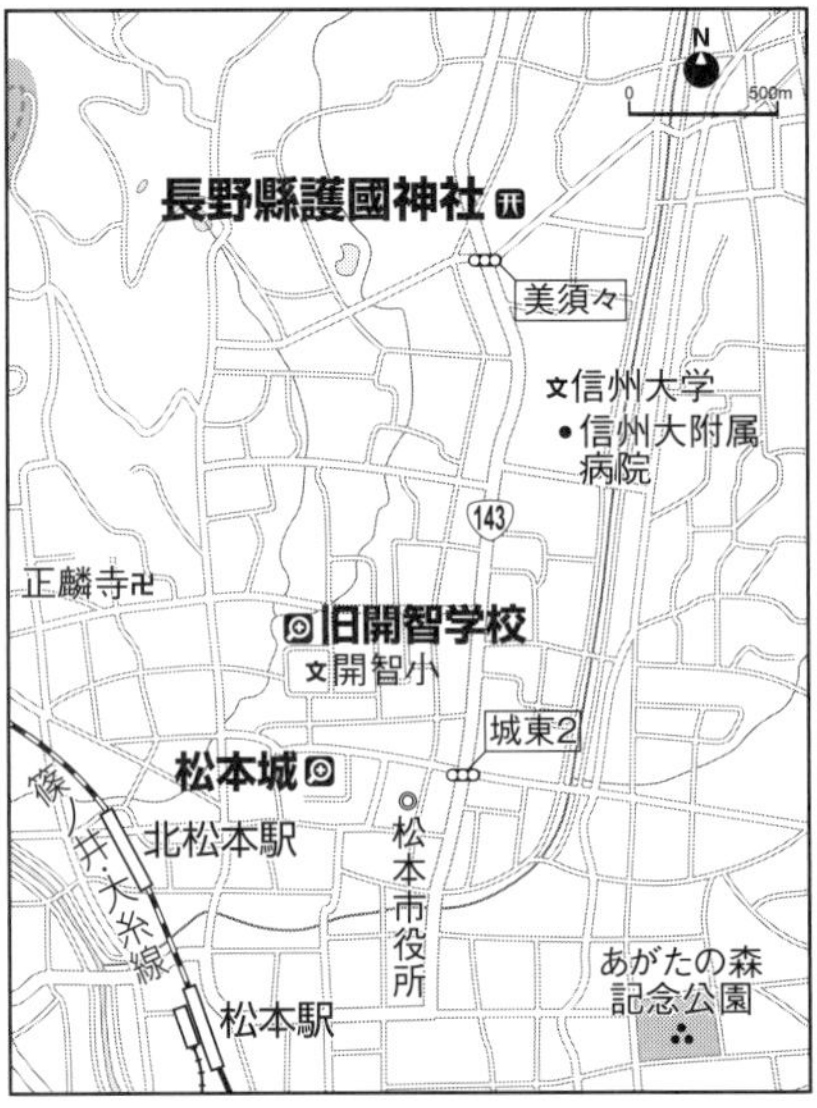

旧開智学校 | 護国神社より南へ約 1.7 キロ

◆長野県松本市開智

明治6年に「第二大学区筑摩県管下第一中学区第一番小学開智学校」として開校。木造2階建で、中央に八角の塔屋があります。昭和40年からは明治時代の教育資料を展示する博物館になり、当時使われた机や筆記用具などが展示されています。国の重要文化財に指定。

松本城 | 護国神社より南へ約 2 キロ

◆長野県松本市丸の内

現存12天守の一つで、国宝に指定されています。文禄2（1593）年頃の築城で、戦闘に有利な山城が多く築かれた戦国時代の城としては珍しい典型的な平城。大小天守、櫓の組み合わせが美しく、内側の本丸からも、外側のお堀越しからも雰囲気の異なる風景が楽しめます。

諏訪大社 | 護国神社より南へ約22キロ

◆長野県諏訪市

全国に多くの分社をもつ諏訪神社の総本社。諏訪大社は、諏訪湖の南に上社本宮・上社前宮、北に下社秋宮・下社春宮の4宮に分かれています。いずれのお宮も社殿の四隅に御柱と呼ばれる木の柱が立ち、6年に一度催される御柱祭は有名です。写真は下社春宮の社殿。

靜岡縣護國神社

住所　静岡県静岡市葵区柚木三六六
電話　054（261）0435

神社前。大鳥居から社殿前の広場までは、天然の森のような緑が約200m続く。

約十万㎡の広大な緑の境内の護国神社

◆静岡縣護國神社は、ＪＲ静岡駅の約二キロほど東の小高い谷津山《やつやま》の麓にあります。社殿後ろの谷津山の照葉樹林は、現在地に護国神社が遷座する前はお茶畑と竹やぶが広がる丘陵地でした。今日の美しい天然の森のような姿になったのは、創建当時の静岡県民の手による造成、植林などの勤労奉仕によるものです。

◆明治三二年十一月、駿府城の西側（静岡市葵区北番町）において、明治維新から日清戦争までの国難に殉じた英霊をお祀りするため「共祭招魂社」を建立したのが神社の創建です。昭和十七年十月現在地に新たに社殿を建立し遷座しました。

◆境内の見どころ

①※招魂斎庭《しょうこんさいてい》の鳥居は、駿府城跡の陸軍歩兵第三四連隊内にあった宮内神社「岳南《がくなん》神社」の鳥居です。終戦

解説　招魂斎庭：合祀祭を行うときに最初に神霊を招く祭壇。

①招魂斎庭の鳥居

②市川紀元二中尉銅像

③愛の灯像

④遺品館

三十周年を記念して同神社境内に移築されました。

②市川中尉は静岡県磐田市出身。一高、東大工学部電気工学科を卒業後民間会社で勤務の後、日露戦争勃発とともに志願将校として召集、武勲をあげ戦死しました。東大構内にあったものが戦後同神社に移設されました。銅像は境内のつつじ会館別館前にあります。

③従軍救護員の女性の慰霊碑です。

④同神社の遺品館は社務所の建物の二階にあります。収蔵品のデータベースは神社のサイトで公開中です。

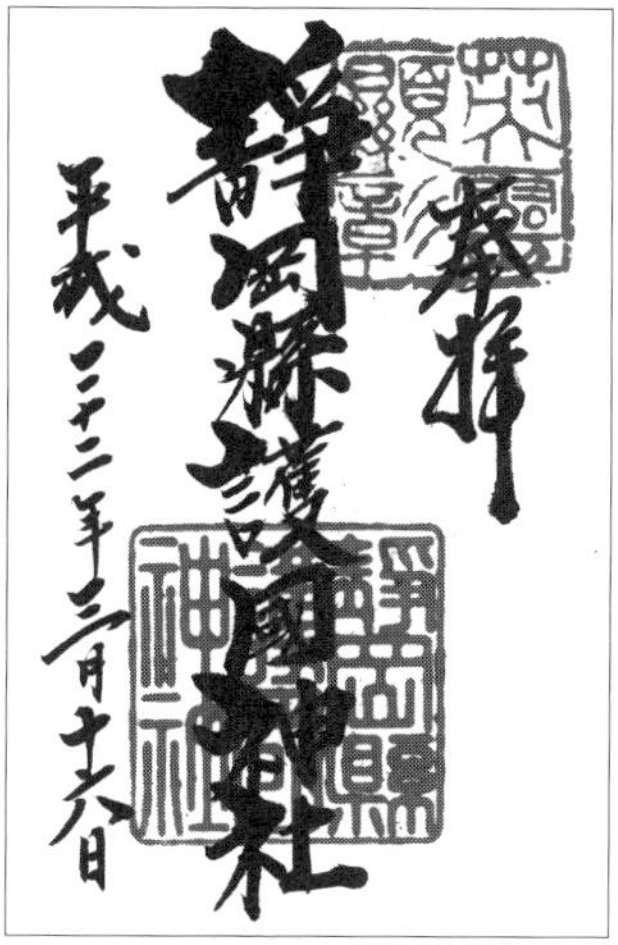

「奉拝」と「静岡縣護國神社」と「参拝日」が書かれ、「英霊顕彰」と「社号」の印が押される。

拝殿の左右に翼殿を配置する典型的な護国神社様式の社殿。社殿前庭は芝生の緑の大広場。

御祭神	静岡県出身またはゆかりの、国家のために一命を捧げられた英霊七六二二三柱
創建年	明治三二年（現社地への遷座 昭和十七年）
主な祭典	例祭 十月二二日、二三日
受付時間	午前八時三十分～午後五時
交通	静岡鉄道「柚木」駅下車 徒歩三分、JR「東静岡」駅下車 徒歩八分

神社周辺の見どころ

駿府城跡（駿府公園）｜護国神社より南西へ約 2.5 キロ

◆静岡県静岡市葵区駿府公園

徳川家康が晩年を過ごした城。近年、東御門、木造二層三階建ての巽櫓が復元。公園には鷹狩りする家康の銅像や家康お手植えのミカンの木、県内の名勝を織り込んだ庭園が美しい紅葉山庭園など見どころ多数。周辺には家康にゆかりの瑞龍寺などがあります。

日本平《にほんだいら》｜護国神社より南東へ約 6 キロ

◆静岡県静岡市清水区

丘陵の最高地点標高約307mの展望台からは、駿河湾越しに伊豆半島、富士山、南アルプスと続く大パノラマが望めます。近くには家康が歿後最初に葬られた久能山東照宮や日本平動物園などがあります。写真は山頂付近にある日本平ロープウェイです。

三保の松原｜護国神社より北東へ約10キロ

◆静岡県静岡市清水区三保

駿河湾から突き出た三保半島の砂浜に約7キロ松が並び、天候が良ければ富士山を背景に砂浜と松林が続く景色が見られます。また謡曲「羽衣」にも謡われ天女が羽衣をかけたという伝説の「羽衣の松」があり、三保半島の先端には八角形の灯台「清水灯台」があります。

愛知縣護國神社

住所　愛知県名古屋市中区三の丸一丁目七番三号
電話　052（201）8078

神社前。周辺は愛知県庁、名古屋市役所、裁判所などがあり官庁街になっている。

金の鯱で有名な「名古屋城」近くに鎮座

◆愛知縣護國神社は、金の鯱《しゃちほこ》で有名な名古屋城の南側、名古屋市の中心部にあり、交通の便利の非常に良いところに位置しています。

◆明治元年尾張藩※第十四代藩主で最後の藩主徳川慶勝《とくがわよしかつ》が、戊辰《ぼしん》戦争で戦死した尾張藩士ら二五人の招魂祭を尾張藩下屋敷の脇の練武場（昭和区川名山町）で行った後、翌明治二年五月、神霊《みたま》を「旌忠社《せいちゅうしゃ》」にお祀りしたのが神社の創建です。昭和十年には現在地に社殿を建立し遷座しましたが、昭和二十年三月の名古屋大空襲で社殿はすべて焼失しました。昭和三三年に本殿、拝殿などを復興、昭和五七年に社務所、平成十年に神門、舞殿、廻廊が竣工され現在の姿となりました。

◆境内の見どころ

①境内「昭和の森」には多くの慰霊碑や記念碑があり

解説　尾張藩：尾張愛知郡におかれた藩。徳川御三家の一つ。慶長12年家康の九男義家が入封。

①戦艦大和記念碑

②御神田　写真は神社提供

③社紋

④歴代の社号標

ます。写真は戦艦大和の記念碑。石碑の上には戦艦大和の四六糎《せんち》主砲弾の実物が保存されています。

②御鎮座一四〇周年記念事業の一つとして平成二四年社殿前に造営されました。

③同神社の御神紋は菊花の中心に愛知県章がデザインされています。昭和二七年三月、県知事の正式な許可を得て制定されたものです。写真は門帳《※もんちょう》。

④「昭和の森」には、明治時代創建時の「旌忠社」など同神社の歴代の社号標が保存されています。

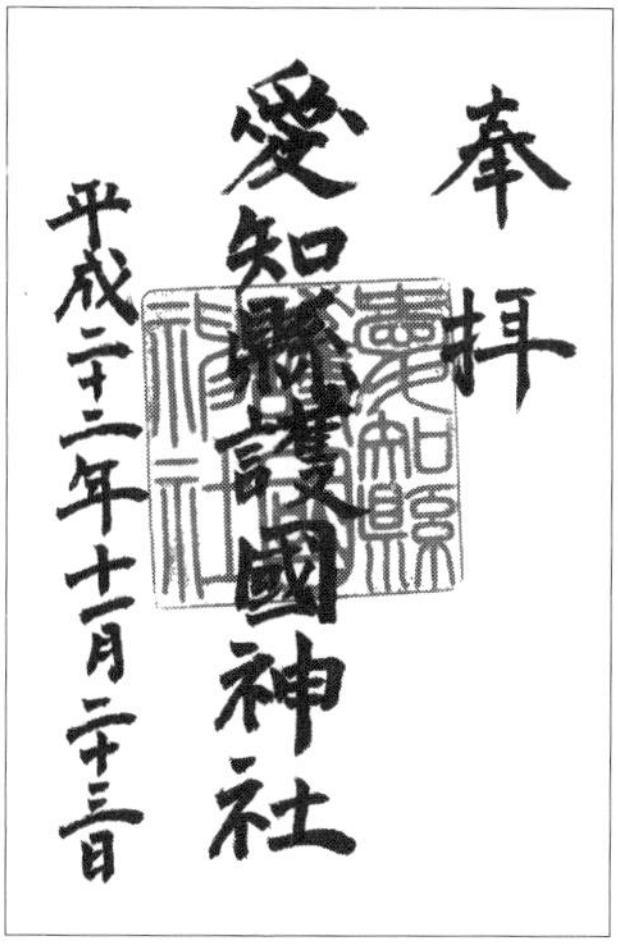

「奉拝」と「愛知縣護國神社」と「参拝日」が書かれ、社号印が押される。

解説　門帳：室内などを隔てるために垂れ下げる布。

神門の前にそびえ立つ「太玉柱」は御祭神への感謝の祈りを杉の真柱に託して捧げられたもの。

御祭神	愛知県出身またはゆかりの、国家のために一命を捧げられた神霊九三〇〇〇余柱
創建年	明治二年（現社地への遷座 昭和十年）
主な祭典	春のみたま祭 四月二八日～三十日、秋のみたま祭 十月二八日～三十日
受付時間	午前九時～午後五時
交通	地下鉄「市役所」駅下車 徒歩約七分、地下鉄「丸の内」駅下車 徒歩約十分

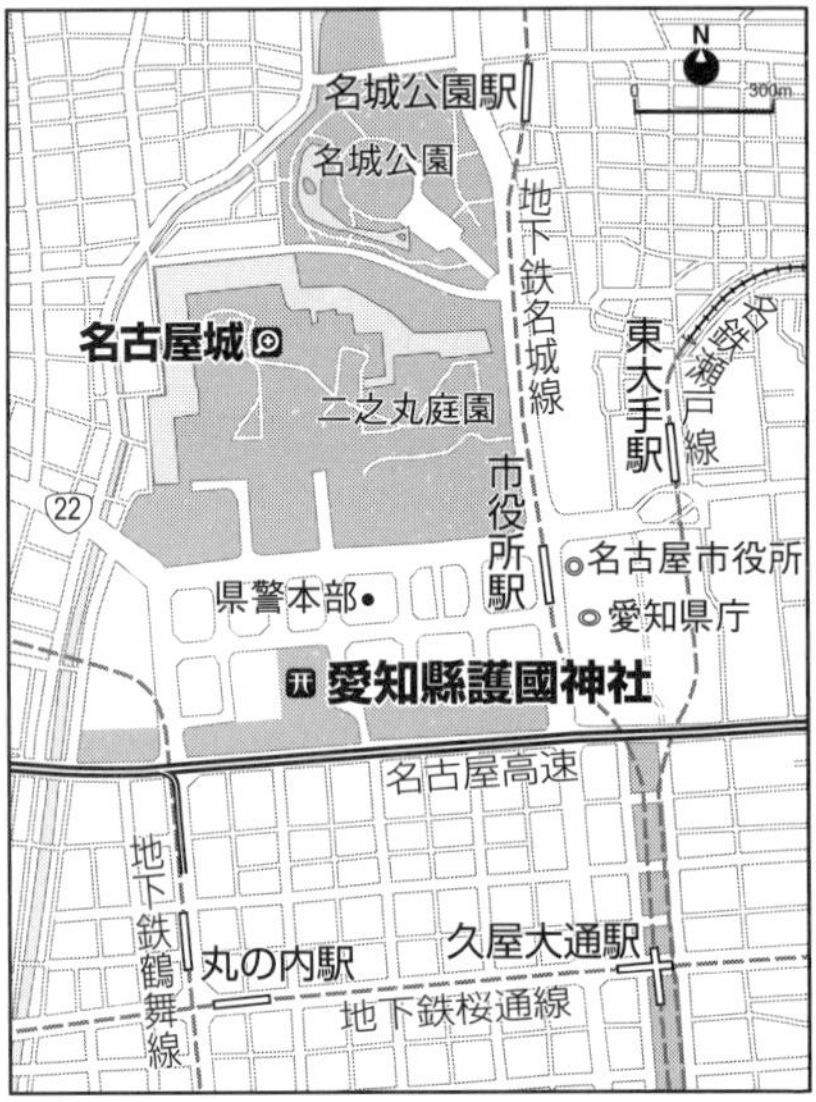

名古屋城　護国神社より北へ約 0.5 キロ

◆愛知県名古屋市中区本丸

慶長17（1612）年徳川家康が築城。昭和20年の名古屋大空襲で建造物の大部分は焼失、昭和34年に天守閣と正門が外観復元されました。写真は乃木倉庫（登録有形文化財に指定）。戦時中天守や本丸の障壁画の一部はここに保管されたため空襲による火災を逃れました。

徳川園　護国神社より東へ約 2.5 キロ

◆愛知県名古屋市東区徳川町

尾張徳川家の邸宅跡地を改修した日本庭園。平成16年開園。地下水を水源とする「龍仙湖」を中心に、変化に富んだ景観が美しく、新緑、紅葉、季節の花々など、四季を通じて様々な植物が楽しめます。家康の遺品など大名の道具を多く集めた徳川美術館が隣接。

熱田《あつた》神宮　護国神社より南へ約6キロ

◆愛知県名古屋市熱田区神宮

創建は第12代景行天皇の時代とされ、約1900年の歴史のある古社。御祭神は※三種の神器の一つである草薙剣を御霊代とされる天照大神。四方拝で遥拝される神々の一つ。信長は桶狭間の戦前に戦勝を祈願し見事に勝利を収め以後戦いの神として有名となりました。

解説　三種の神器：天皇位のしるしとして皇位継承に際して代々伝えられる神器。八咫鏡（やたのかがみ）、草薙剣（くさなぎのつるぎ）、八坂瓊曲玉（やさかにのまがたま）。

三重縣護國神社

神社前。銅板葺き仕上げの大鳥居は戦災で焼失せず、遷座当時の姿を残している。

住所　三重県津市広明町三八七
電話　059（226）2559

伊勢神宮にもっとも近い護国神社

◆明治二年津藩第十一代藩主藤堂高猷《とうどうたかゆき》が、戊辰《ぼしん》戦争で亡くなった藩士の神霊《みたま》を祀る小祠を、津藩の藩祖藤堂《とうどう》高虎《たかとら》を祀る津八幡宮の境内に建立し「表忠社《ひょうちゅうしゃ》」と称したのが神社の創建です。明治四二年に現在地に社殿を移築遷座しましたが、昭和二十年七月の津大空襲で本殿、神饌所を残し建物を焼失。昭和三二年に新たに造営復興された本殿は、伊勢神宮の外宮の「東宝殿」を第五九回式年遷宮時に賜り移築されたものです。

◆同神社は伊勢神宮と縁が深く、長野県木曽郡上松町で行われる※御杣始祭《みそまはじめさい》で伊勢神宮の式年遷宮に使用されるため伐採された※御樋代木《みひしろぎ》は、車両での運搬途中、第六十回から平成二五年の第六二回の式年遷宮まで三度にわたって同神社境内で一晩御停泊されました。

◆境内の見どころ

解説　御杣始祭：式年遷宮のための御神木伐採の際に行うお祭。
御樋代木：御神木のこと。

①遺品資料館

②儀式殿

③神宮スギの衝立

④社殿前の狛犬

①戦歿者の遺品、戦争史料などが展示されています。社殿内にあります。見学は要連絡。

②伊勢神宮の第五九回式年遷宮の際に建て替えられた外宮「四丈殿」を、屋根を瓦葺きに変え空調設備などを整えて移築されたものです。結婚式が斎行されます。

③※神宮スギを衝立《ついたて》に加工したもの。原木は伊勢神宮より同神社が譲り受けた銘木で美的価値も高いものです。

④青銅製で大きな口と耳が印象的な狛犬。狛犬の大きな歯に触れて歯の健康を祈る参拝者もおられました。

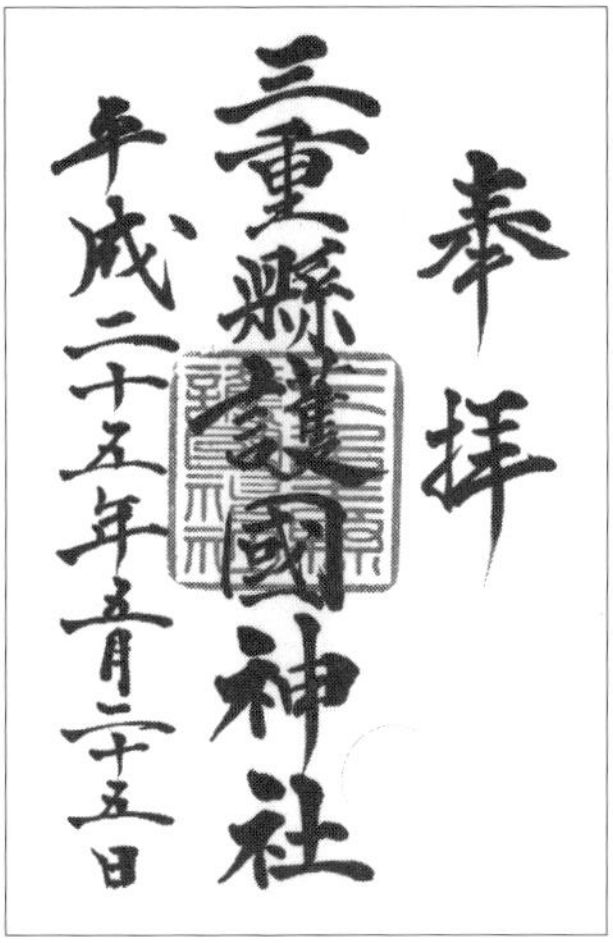

「奉拝」と「三重縣護國神社」と「参拝日」が書かれ、社号印が押される。

解説 神宮スギ：伊勢神宮の敷地にある大きなスギの木。三重県の県木に指定されている。

社殿。中央に見える外拝殿は、終戦５０年を迎えた平成７年に既存拝殿前に増築されたもの。

御祭神	三重県出身またはゆかりの、国家のために一命を捧げられた神霊六〇三〇〇余柱
創建年	明治二年（現社地への遷座 明治四二年）
主な祭典	春季大祭 四月二一日、二二日、秋季大祭 十月二一日、二二日
受付時間	午前九時〜午後四時
交通	ＪＲ、近鉄「津」駅下車 徒歩約五分

津城跡 | 護国神社より南へ約 1.6 キロ

◆三重県津市丸之内

天正8（1580）年に織田信長の弟信包によって築かれ、慶長13（1608）年※藤堂高虎の入城によって大改修が行われ、明治維新まで津藩主藤堂氏の居城であった城。現在は堀が残り隅櫓（写真）が復元されています。城跡内には、藤堂高虎の騎馬像があります。

鈴鹿サーキット | 護国神社より北へ約 12 キロ

◆三重県鈴鹿市

日本初の本格的サーキットとして、本田技研工業の創業者本田宗一郎の指示により同社鈴鹿製作所の隣地に昭和37年に建設されました。全長約5キロの国際レーシングコースは日本のモータースポーツのまさに聖地的存在。周辺は総合レジャーランド（写真）になっています。

伊勢神宮 | 護国神社より南東へ約30キロ

◆三重県伊勢市

日本のすべての神社の頂点に立つ神社です。地名のつかない「神宮」が正式名称。神宮には伊勢市内などに点在する大小125のお社があり、天照大御神を御祭神とする皇大神宮（内宮）と、豊受大御神を御祭神とする豊受大神宮（外宮）の2社が正宮です。写真は外宮の第一鳥居。

解説　藤堂高虎：戦国時代から江戸時代初期にかけての大名。何度も主君を変えたことで知られる。築城技術に優れ多くの城を築いた。

岐阜護國神社

住所 岐阜県岐阜市御手洗三九三
電話 058（264）4321

神社前。社殿の後方には金華山の森林があり、写真の右手方向には長良川が流れる。

「岐阜城」のある金華山麓に鎮座

◆岐阜護國神社は、岐阜市の中心からもほど近い景勝地、岐阜城で有名な金華山の麓にあります。この地はもともと長良川の河川敷だったところで、創建時に多くの県民の勤労奉仕により境内が整地されました。社殿を囲む木々は金華山の自然の森林です。

◆昭和十四年三月内務大臣より護国神社令が発せられ全国で各道府県を代表する護国神社を設置する動きが始まりました。岐阜県では明治四一年に岐阜県の郷土部隊として編成された陸軍歩兵第六八連隊のあった岐阜市において護国神社を創建することが決定され、昭和十五年現在地に社殿が竣工し、社名を「岐阜護國神社」として創建されました。

◆境内の見どころ

①霊璽簿《れいじぼ》をお守りするお社《やしろ》です。

①霊璽簿奉安殿

②防人像

③かっぱ堂

④鵜飼桜

②防人《さきもり》は護国神社の御祭神のことで、御祭神が日本の未来を信じながら玉砕する戦場の様子を三体の石像で表しています。

③古くから現社地にあった河童伝説により創建された河童大明神の小祠です。毎年六月下旬から七月上旬に近隣幼稚園児により水難事故防止祈願祭が行われます。

④岐阜市内一番の早咲きの桜として有名で、その年の花数の多少によって鵜飼《うかい》でとれる鮎《あゆ》の豊凶を占う目安とされています。※彼岸桜《ひがんざくら》で樹齢は百年を超える大木です。

「奉拝」と「岐阜護國神社」と「参拝日」が書かれ、「ご神紋」「社号」の印が押される。

解説　彼岸桜：植物名「エドヒガン」。桜の一種。お彼岸の頃開花する。樹齢が長寿で知られ、樹齢100年を超える木も少なくない。

拝殿左右に翼殿を配置する典型的な護国神社様式の社殿。拝殿前の立派な向拝と向拝柱が印象的。

御祭神	中濃、東濃地方、西濃一部地域、下呂市一部地域出身またはゆかりの、国家のために一命を捧げられた神霊三七八一八柱
創建年	昭和十五年
主な祭典	春季例大祭 四月十二日、秋季例大祭 十月五日
受付時間	午前九時〜午後五時
交通	バス「長良橋」下車 徒歩約五分

神社周辺の見どころ

長良川うかいミュージアム ｜護国神社より北東へ約 0.5 キロ

◆岐阜県海津市海津町油島

長良川の鵜飼は毎年5月中旬から10月中旬、中秋の名月の日を除き開催されます。1300年来の歴史のある日本の古代漁法として伝承されてきた鵜飼漁は、御料鵜飼として皇室の保護のもとに行われています。ミュージアムは鵜飼の資料館でオフシーズンでも開館されています。

金華山（岐阜城）｜護国神社より南へ約 0.5 キロ

◆岐阜県岐阜市金華山

旧名稲葉山。山頂には岐阜城の復元天守があり、ここから濃尾平野が一望できます。山頂へは車道はなく、金華山ロープウェイか徒歩で上がります。岐阜城は信長が天下統一の拠点にした城で、本丸跡は山の麓にあり岐阜公園になっています。天守隣には岐阜城資料館があります。

かかみがはら航空宇宙博物館 ｜護国神社より東へ約9キロ

◆三重県伊勢市豊川町

国産の航空機や実験機、航空関連資料、さらに宇宙開発関連資料などを収集、展示する博物館です。国産救難飛行艇PS-1やYS-11の実機も展示されています。現存する日本最古の飛行場である※航空自衛隊岐阜基地の南隣にあり、同基地は事前予約の上で見学も可能です。

解説 航空自衛隊岐阜基地：大正6年「陸軍各務原飛行場」として開設。

濃飛護國神社

住所 岐阜県大垣市郭町二丁目五五
電話 0584（78）4048

社号標の残る大垣公園入口。護国神社は入口を入って右手にある。

「大垣城」のある大垣公園隣に鎮座

◆濃飛護國神社は、岐阜県の西部大垣市にあります。「濃飛」は岐阜県の美濃、飛騨両地方を表します。美濃地方の最大の大名であった大垣藩の第十二代藩主で最後の藩主の戸田氏共《とだうじたか》は、戊辰《ぼしん》戦争の東征では※東山道《とうさんどう》軍の先鋒を務め新政府軍の勝利に貢献しました。

◆明治二年八月、氏共《うじたか》は戊辰戦争で戦死した大垣藩士の慰霊顕彰のため城下の操練場で仮招魂祠を建立、これが神社の創建となりました。明治三年八月には旧城内二ノ丸に招魂場を建立、明治四三年現在地に新社殿を造営し遷座しましたが、昭和二十年戦災によりすべての社殿を焼失しました。昭和三三年に本殿、翌年には拝殿が再建され現在の姿となりました。

◆境内の見どころ（③④は境内の外）

①東山道軍の大垣藩の将兵一一三七名の軍事総裁

解説 東山道：五畿七道の一つ。近畿から東北に本州内陸部を貫く街道。

①東征両総裁碑

②忠魂顕彰之碑

③常葉（ときわ）神社

④大垣城の天守

戸《と》田《だ》三弥《みつや》と副総裁高岡夢堂《たかおかむどう》の顕彰碑。二人は各地を転戦し新政府軍の勝利に大きく貢献し生還しました。

②同神社の御祭神への感謝の碑文が記されています。

③護国神社と同じく大垣公園に隣接しています。戸田氏歴代の大垣藩主を御祭神とする神社で毎年十月に行われる「大垣十万石まつり」※はこの神社の例祭です。

④天文四（一五三五）年に築城。関ケ原の戦いでは石田三成らが入城し西軍の本拠地となりました。天守は昭和二十年の空襲で焼失し、昭和三四年に外観復元。

「奉拝」と「濃飛護國神社」と「参拝日」が書かれ、社号印が押される。

解説　大垣十万石まつり：毎年10月体育の日の前日の日曜日に行われる神輿とパレードのお祭。

拝殿の左右に翼殿を配置する典型的な護国神社様式の社殿。社殿前の４対の燈籠が印象的。

御祭神	創建年	主な祭典	受付時間	交通
明治二年から昭和十四年までの岐阜県及び、昭和十五年以降の西濃地方出身またはゆかりの、国家のために一命を捧げられた神霊一八九一七柱	明治二年（現社地への遷座 明治四三年）	春季例祭 四月二三日、秋季例祭 九月二二日	随時	ＪＲ「大垣」駅下車 徒歩約十分

奥の細道むすびの地記念館 ｜ 護国神社の南西約 0.7 キロ

◆岐阜県大垣市郭町

大垣は、俳人松尾芭蕉が「奥の細道」の旅を終えた地でした。記念館では、紀行文「奥の細道」の解説や、芭蕉の旅に生きた人生を紹介しています。記念館前に流れる水門川は明治時代頃までは舟運が盛んであった川で、現在は桜の開花の季節には観光川下りが楽しめます。

養老の滝 ｜ 護国神社より南西へ約 12 キロ

◆岐阜県養老郡養老町高林

養老公園の最奥部にある巨岩に囲まれた約30mの高さから流れ落ちる滝。霊亀3（717）年※元正天皇はこの地を訪れ泉の水で体を洗われるとご病気が全快し、天皇はこれをお喜びになり年号を「養老」と改元されました。現在も滝周辺では名水百選「菊水霊泉」が湧出します。

関ケ原古戦場跡 ｜ 護国神社より西へ約14キロ

◆岐阜県不破郡関ケ原町大字関ケ原

徳川家康率いる東軍と石田三成率いる西軍の天下分け目の戦い「関ケ原の戦い」の舞台になったところ。開戦地をはじめ、徳川家康や石田三成などの陣跡には石碑や幟が建てられています。戦場跡の散策前に資料館でパンフレットなど情報を入手されることをおすすめします。

解説 元正天皇（げんしょうてんのう）：第４４代天皇。奈良時代の女帝。母は第４３代元明天皇。

飛驒護國神社

神社前。護国神社の鎮座する城山公園の三の丸付近を「忠孝苑」と呼んでいる。

住所 岐阜県高山市堀端町九十番地
電話 0577（32）0274

「小京都 飛驒高山」に鎮座

◆飛驒護國神社のある高山市は岐阜県北部に位置し、市街地でも標高は約五七〇m、周囲は乗鞍岳、穂高岳、御岳などの有名な山々に囲まれています。同神社は高山市街の東端の城山公園の三の丸跡にあります。

◆明治時代に神道普及のために創設された「大教院《だいきょういん》」の地方組織「高山中教院《たかやまちゅうきょういん》」が、明治十二年※祖霊殿《それいでん》に飛驒地方出身の西南戦争戦歿者の神霊《みたま》をお祀りしたのが神社の起源です。中教院はその後廃止になりますが、明治四二年には県知事の認可を受けて「※私祭飛驒招魂社」を設立し靖國神社の御分霊を合せてお祀りし、これが神社の創建となりました。同神社は護国神社五二社の中で唯一「官祭招魂社」にも「内務大臣指定護国神社」にもならなかった護国神社です。境内には中教院の設立と同時に創建された伊勢神宮の御分霊をお祭

解説
祖霊殿：地元の先祖をお祀りする祠（ほこら）のこと。
私祭：民間人によって祭祀が行われること。

①飛騨招魂社の社号標

②拝殿の内部

③命日簿

④遺品館

りする「飛騨大神宮」があります。

◆境内の見どころ

①飛騨招魂社の社号標が当時のまま社頭に設置されています。後方の神社の神門は元高山中教院の神門です。

②拝殿内部は畳敷きで、中教院の建物が創設当時のまま現存しているのは全国的にも大変珍しいことです。

③毎日、その日が命日の御祭神のお名前が拝殿前に掲げられています。

④戦争史料などが展示されています。見学は要連絡。

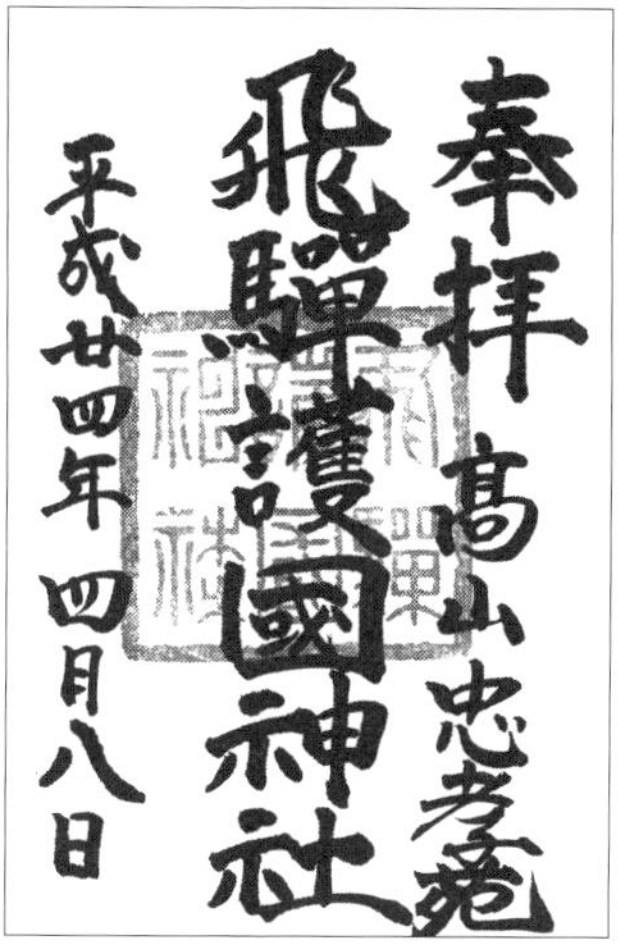

「奉拝」と「高山忠孝苑」と「飛騨護國神社」と「参拝日」が書かれ、社号印が押される。

翼殿のない簡素な拝殿は漆喰の壁が印象的。拝殿左に飛騨大神宮などが鎮座する合祭殿がある。

御祭神	岐阜県の飛騨地方（高山市、飛騨市、下呂市、白川村）出身の、国家のために一命を捧げられた神霊六四二五柱
創建年	明治四二年
主な祭典	春季慰霊例大祭 五月二、三日、秋季慰霊例大祭 十一月四、五日
受付時間	午前九時～午後四時
交通	ＪＲ「高山」駅下車 タクシー約十分

神社周辺の見どころ

中佐平《ちゅうさだいら》 | 護国神社より南西へ約 0.3 キロ

◆岐阜県高山市堀端町

司馬遼太郎の小説「坂の上の雲」にも登場する、日露戦争で戦死した広瀬武夫中佐は小学校時代を高山で過ごしました。現在高山城跡の一角に中佐の胸像があり、その前からは高山市の市街地が一望できます。広瀬中佐は飛騨護國神社の合祭殿に鎮座する祖霊殿の御祭神です。

高山陣屋 | 護国神社より西へ約 0.5 キロ

◆岐阜県高山市八軒町

高山城主金森氏の下屋敷であった建物を、元禄5（1692）年高山が幕府の直轄地となった際に、江戸幕府から派遣された代官が役所（代官所）としたもの。明治以後も公共機関の事務所などに使用されましたが、平成8年に江戸時代の状態に復元改修し公開されています。

飛騨民俗村「飛騨の里」 | 護国神社より西へ約2.5キロ

◆岐阜県高山市上岡本町

大雪に耐えてきた合掌造りや※榑葺き屋根など、飛騨地方の代表的な古民家30数棟が移築復元されて立ち並び、昔の飛騨の風景が再現された古民家博物館。農山村の暮らしや飛騨に伝わる季節の行事なども再現されています。４棟の古民家が国の重要文化財に指定。

解説 榑葺き（くれぶき）：薄い板材を重ねて屋根を葺く方法。

富山縣護國神社

住所 富山県富山市磯部町一－一
電話 076（421）6957

神社前。大鳥居は富山市を代表するメインストリートの出発点。

桧造りの大拝殿をもつ護国神社

◆富山縣護國神社のある富山市磯部の地は富山市の中心部からも近く、戦国武将の※佐々成政《さっさなりまさ》が織田信長より越中の国を与えられて富山城を居城としたときここに別邸を築き休憩所を建てたところで、現在も神通川《じんづうがわ》の河畔公園があり景勝地となっています。

◆大正二年八月「指定富山縣招魂社」として、本殿、拝殿、神饌所、手水舎などが現在地に竣工され神社が創建されました。しかし、昭和二十年八月一日にあった米軍による富山大空襲で富山市は大きな被害を受け、同神社も手水舎を残して社殿すべてを焼失しました。戦後は昭和二九年十月に現在の社殿が再建され復興しました。さらに昭和五六年には創建七十周年記念事業として社務所などが新築されました。

◆境内の見どころ

解説　佐々成政：戦国武将。尾張の人。織田信長に仕え、朝倉討伐、長篠の戦い、本願寺一揆などで功をあげた。

①大拝殿の内部

②伊佐雄志神社

③遺芳館・平成の御庭

④百年（ももとせ）の庭

①桧造り銅葺き屋根の大拝殿。平成四年創建八十周年記念事業として建立されました。
②摂社。富山大空襲の犠牲者、同県ゆかりの殉職自衛官他公務殉職者の神霊約三〇〇〇余柱が合祀。
③大東亜戦争終戦五十周年を記念して建立。戦歿者の遺品や、富山大空襲の記録などが展示されています。平成の御庭との調和のとれた美しい建物が印象的です。
④明治、大正、昭和、今上、聖帝四代の御製《ぎょせい》の碑があります。平成二五年十月神社創立百周年を記念し建立。

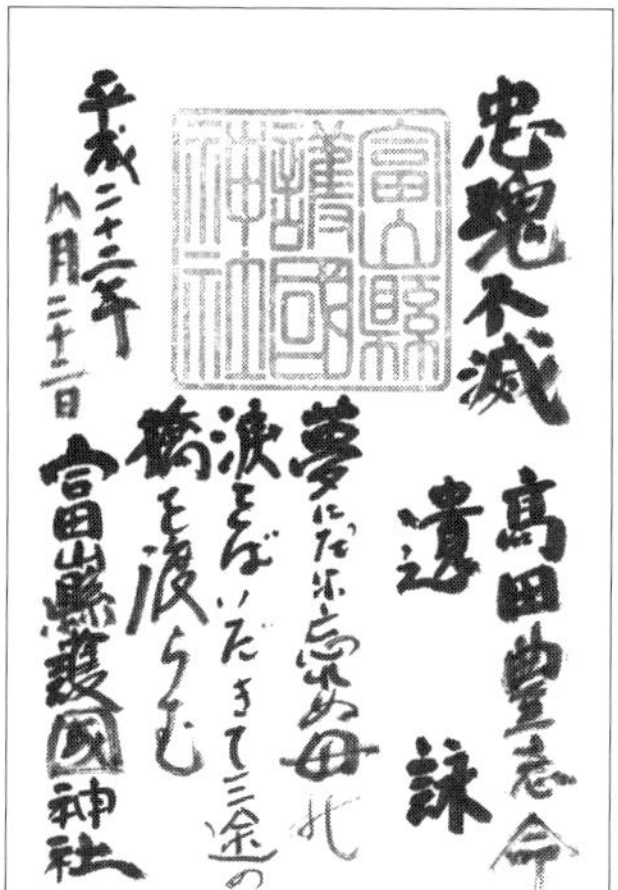

「忠魂不滅」と「高田豊志命遺詠」と「参拝日」と「富山縣護國神社」が書かれ、社号印が押される。高田伍長は昭和20年5月戦死。

祈祷殿の前に、四方に壁のない大拝殿（写真）をもつ。他の護国神社にはない独特の社殿構成。

御祭神	富山県出身またはゆかりの、国家のために一命を捧げられた神霊二八六八二柱
創建年	大正二年
主な祭典	春秋例大祭四月二五日、万灯みたままつり八月一日、秋季例大祭十月五日
受付時間	午前八時三十分～午後五時
交通	路面電車「安野屋」下車 徒歩約三分

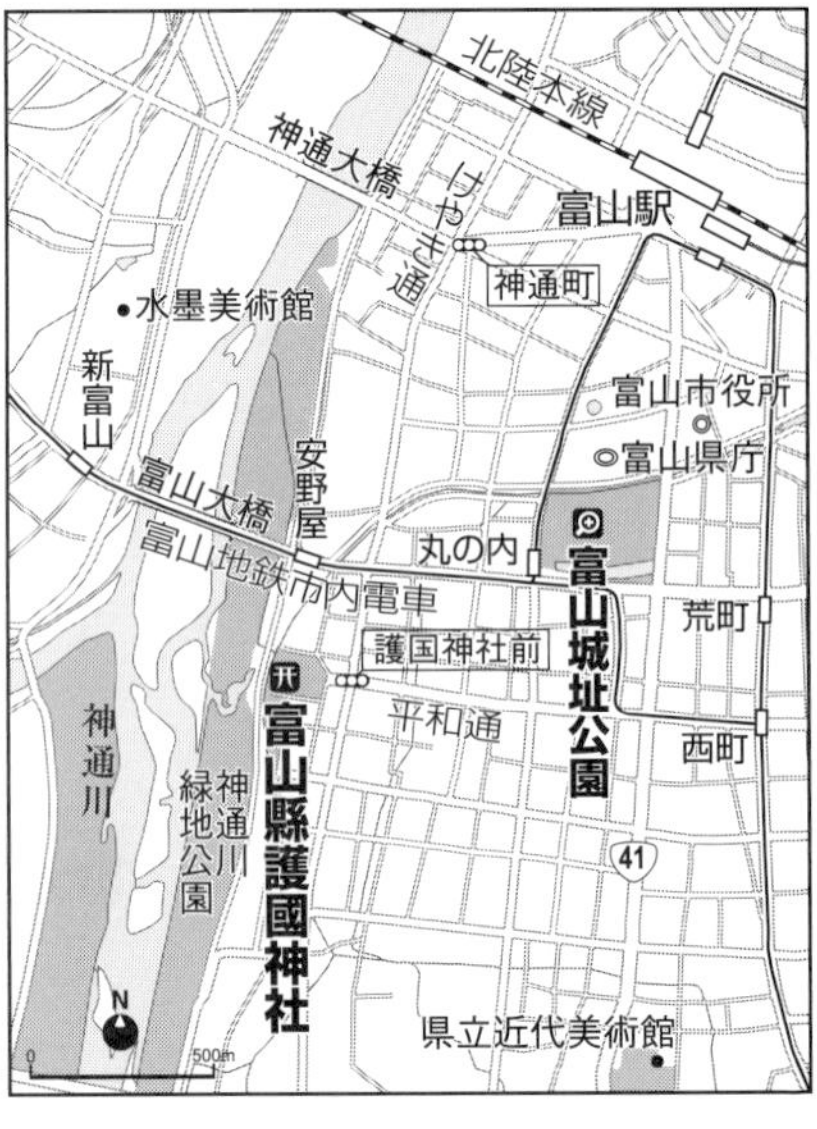

富山城址公園 ｜ 護国神社より東へ約 0.8 キロ

◆富山県富山市本丸

富山城は、江戸時代加賀藩前田家の分家である富山前田家の居城で、明治維新後は廃城となりました。昭和29年、城跡鉄筋敷地内にコンクリート造りの模擬天守が建築され「郷土博物館」として開館し、現在では通常この建物が富山城と呼ばれ、親しまれています。

呉羽山公園 ｜ 護国神社より北西へ約 1.7 キロ

◆富山県富山市安養坊

写真は、富山市街の西に位置する呉羽山公園の展望台。銅像は立山を開山した※佐伯有頼。富山市街、富山平野を一望でき、天気が良ければ立山連峰の大パノラマを望むことも可能です。また、公園内には「富山市民俗民芸村」「富山市民芸合掌館」などの見どころが多数あります。

瑞龍寺《ずいりゅう》 ｜ 護国神社より西へ約18キロ

◆富山県高岡市関本町

加賀藩第2代藩主前田利常が、初代藩主の前田利長の菩提寺として寛文3（1663）年に建立した古刹。山門、仏殿、法堂は国宝に指定されています。左右に回廊をめぐらした豪壮で品格の高い伽藍配置様式が特徴。仏殿の屋根は非常時に鉄砲の弾にするため鉛瓦葺きとなっています。

解説　佐伯有頼（さえきのありより）：「立山開山縁起」に登場する人物。飛鳥時代、鷹に導かれて霊場立山を開山したという。

石川護國神社

住所　石川県金沢市石引四丁目十八番一号
電話　076（221）2110

神社前の一の鳥居。この奥の二の鳥居の周りには多くの慰霊碑が建立されている。

「金沢城跡」と「兼六園」の隣に鎮座

◆石川護國神社は、兼六園南隣に位置します。周辺には商業施設が並ぶ「片町」「香林坊」があり、また美術館なども集中し、金沢の商業観光の中心地になっています。
◆織田信長から能登を与えられた前田利家《まえだとしいえ》※を藩祖とする加賀藩は、幕末まで現在の石川県のほぼ全域を治めていました。同藩は戊辰《ぼしん》戦争では新政府軍側として戦い、戦死した藩士一〇七人の慰霊顕彰のため、明治三年に第十三代藩主で最後の藩主前田慶寧《まえだよしやす》が卯辰《うたつ》山に「招魂社」を建立したのが神社の創建となりました。しかし卯辰山は市街地から離れており交通の便が悪く、また境内が狭く参列者の多い祭典を行うのが困難であったため、昭和十年に現在地である陸軍小立野練兵場《こだつのれんぺいじょう》の一角に社殿を建立、遷座し現在の姿となりました。
◆境内の見どころ

解説　前田利家：戦国武将。尾張の人。織田信長に仕え桶狭間・姉川・長篠の戦いで戦功をたてた。豊臣秀吉の五大老のひとり。

①遺品展示室

②拝殿内の額

③松・竹・梅めぐりの五葉松

④「愛叶う願掛け絵馬」と「愛守り」

①遺品展示室は社務所の中にあり、御祭神の写真などが展示されています。

②拝殿内の正面にある額です。卯辰山の招魂社の社殿にあったもので、前田慶寧《まえだよしやす》の書。顕忠《けんちゅう》とは「国に対して忠義をあらわす」という意味。

③幸せと健康を願う境内の「松・竹・梅」めぐりです。写真はその中の「松」。樹齢約六〇〇年の「五葉松」で昭和十年に石川県庁より同神社に移植されました。

④恋愛成就を祈願する女子に大人気です。

「英霊顕彰」と「石川護國神社」と「参拝日」が書かれ、社号印が押される。

直線的な切妻の大きな銅葺き屋根の拝殿左右に翼殿を配置する堂々とした社殿。

御祭神	石川県出身の英霊、並びに旧陸軍第九師団管内（富山、福井、岐阜、滋賀県の一部）出身またはゆかりの、国家のために一命を捧げられた神霊四四八八九柱
創建年	明治三年（現在地への遷座 昭和十年）
主な祭典	春季例大祭 四月十九日、万灯みたままつり 八月十四日〜十六日、秋季例大祭 十月十九日
受付時間	午前九時〜午後四時
交通	バス「出羽町」下車 徒歩約五分

兼六園 | 護国神社の北隣

◆石川県金沢市小将町

日本三名園の一つ。延宝4（1676）年、加賀藩第5代藩主前田綱紀によって城内の庭園として造園されました。写真の二本足の徽軫（琴柱）燈籠は同園のシンボル的景観です。園内の噴水は動力などを使用しない日本に現存する最も古い噴水。周辺には「※金城霊沢」があります。

石川四高記念文化交流館 | 護国神社より西へ約 0.8 キロ

◆石川県金沢市広坂

建物は旧第四高等中学校本館で、昭和44年に国の重要文化財に指定。内部は入場無料の「四高記念館」と有料の「石川近代文学館」に分かれており、四高記念館では、当時の教室の様子が再現されています。石川近代文学館は同県出身の文学者の博物館となっています。

室生犀星記念館 | 護国神社より西へ約1.3キロ

◆石川県金沢市千日町3-22

「ふるさとは遠きにありて思ふもの　そして悲しくうたふもの……」で有名な詩人で小説家の室生犀星の生誕の地に建つ資料館です。犀星の遺品、直筆原稿などが展示されています。周辺には、妙立寺（通称忍者寺）で有名な寺町寺院群、にし茶屋街など見どころ多数です。

解説　金城霊沢：金澤神社の境内にある湧水の沢。昔ある人がこの沢で芋を洗ったところ、砂金がでてきたことから「金洗いの沢」と呼ばれ、金沢の地名の由来になった。

福井縣護國神社

住所　福井県福井市大宮二丁目十三ー八
電話　0776（22）5872

二の鳥居前。創建当時当地は田園地帯で多くの県民の勤労奉仕により整地された。

「大丈夫《ますらを》の心」を伝える護国神社

◆福井縣護國神社は、福井市を東西に通る幹線国道から一本南に入った道路沿いの住宅街一角にあります。
◆福井県では昭和十四年に県全域を崇敬区域とする護国神社の建立が決定し、福井縣知事が護国神社建設奉賛会会長となり官民協力のもとで造営にあたり、昭和十六年三月現在地に社殿が竣工しました。これが神社の創建となりました。終戦直前昭和二十年七月の福井※大空襲や戦後様々な混乱の中、昭和二三年六月に福井大震災が、続いて翌月には大水害が発生し、同神社も狛犬を除く境内の建造物のすべてが倒壊、流出する壊滅的な被害を受けました。しかし、福井県民は直ちに護国神社の復旧の奉賛事業に立ち上がり、昭和三十年には社殿が再建され、現在の姿となりました。
◆境内の見どころ

解説　福井大空襲：米軍により福井市街地のほとんどが焼き尽くされ死者は1000人以上にのぼったが、幸い護国神社の社殿は無事だった。

①写詞

②急流中底の柱と遺品館「秀芳館」

③厄災落しの盃落し神事

④不撓不屈の狛犬

「奉拝」と「福井縣護國神社」と「参拝日」が書かれ、神紋と社号印が押される。

①寺院での写経は珍しくないですが、同神社には※「六根清浄大祓詞《ろっこんしょうじょうおおはらえのことば》」の写詞《うつしことば》があります。
②幕末の福井藩士で福井が生んだ秀才と言われる橋本左内（同神社御祭神）の言葉※「急流中底之柱《きゅうりゅうちゅうていのはしら》 即《すなわち》是《これ》大丈夫之心《ますらをのこころ》」に因み、木の柱が建立されています。同言葉からとった「大丈夫守《ますらをまもり》」も人気があります。
③「盃《かわらけ》」に落としたい厄災を書き、その盃を落として割る神事を参拝者が行うことができます。
④福井大震災でも唯一倒れなかった「不撓不屈《ふとうふくつ》の狛犬」。

解説 六根清浄：目、耳、鼻、口、身体、心の六根を清めること。
急流…：如何なる時も動じず流されず雄雄しく立つ姿こそ大丈夫（立派な男子）の心の意。

銅板葺き屋根と白い拝殿柱の調和が美しい社殿。社殿前には不撓不屈の狛犬がある。

御祭神	福井県出身またはゆかりの、国家のために一命を捧げられた神霊三一九九一柱
創建年	昭和十六年
主な祭典	春季例祭 四月十三日、みたま祭 八月十三日～十五日、秋季例祭 十一月二日
受付時間	午前九時～午後五時
交通	JR「福井」駅下車 タクシー約十分

神社周辺の見どころ

一乗谷朝倉氏遺跡《いちじょうだにあさくらしいせき》　護国神社より南東へ約 10 キロ

◆福井県福井市城戸ノ内町

福井市の郊外の緑の深い一乗谷は、戦国時代に越前を支配していた※朝倉氏とその家臣の館のあったところで、天正元（1573）年織田信長の攻撃を受け滅亡しました。昭和42年から館跡など多数の遺跡が本格的に発掘され、一部復元されて特別史跡となっています。

丸岡城　護国神社より北へ約 12 キロ

◆福井県坂井市丸岡町霞

天守は二重三層、石垣は野面積み、屋根瓦は石製という構造。築城は天正四（1576）年で現存する天守の中では最古のものと言われています。昭和２３年の福井大震災で倒壊。可能な限り倒壊前の建材を活用して再建されました。国の重要文化財に指定されています。

東尋坊　護国神社より北へ約22キロ

◆福井県坂井市三国町

東尋坊は巨大な岩柱、奇岩の断崖絶壁が約1キロにわたって続く大景勝地です。国の天然記念物に指定されています。海の上から東尋坊の迫力ある景色を楽しめる観光遊覧船（写真）もあり、また高さ55m、海面から110mの東尋坊タワーからの眺めもおすすめです。

解説　朝倉氏：戦国大名。応仁の乱後、越前守護斯波氏の内紛に乗じて越前一国を領し本拠を一乗谷とした。

滋賀縣護國神社

住所 滋賀県彦根市尾末町一番五九号
電話 0749（22）0822

神社前。ＪＲ彦根駅西口正面の大通りを600mほど直進するとこの鳥居前石橋に着く。

国宝「彦根城」の近くに鎮座

◆滋賀縣護國神社のある彦根市は滋賀県湖東地区の中核都市で、彦根藩井伊家の居城彦根城の城下町でした。

◆幕末、彦根藩は藩論を新政府側に統一し、戊辰《ぼしん》戦争では多くの藩士が新政府軍として戦い各地で戦果をあげました。明治二年、彦根市佐和山《さわやま》山麓の仏教寺院※に戊辰戦争で戦死した彦根藩士二六人の慰霊顕彰をするため招魂碑が建立されました。しかし明治八年、元彦根藩主で最後の藩主井伊直憲《いいなおのり》が中心となって政府に働きかけ、新たに神道式の「招魂社」を建造する旨の通達が政府から出されました。それを受け明治九年現在地に社殿を建立。「官祭・彦根招魂社」として二六柱の神霊《みたま》をお祀りし、これが神社の創建となりました。昭和三一年に社殿左右に翼廊の増築を行うなど境内の整備が行われ、昭和六十年には社殿の屋根が檜皮葺《ひわだぶき》から

解説 仏教寺院：龍潭寺（りょうたんじ）。滋賀県彦根市古沢町にある。招魂碑は同寺前に現存する。

①戊辰従征戦死者碑

②平和の礎 〜シベリア強制抑留者慰霊

③父の像

④母の像

銅板葺きへの葺き替えが完了し現在の姿となりました。

◆境内の見どころ

①拝殿の横にある創建当時の石碑です。戊辰戦争で東征従軍し戦死した藩士の名前が刻まれています。石碑の文字は元彦根藩士で明治時代の著名な書家※日下部《くさかべ》鳴《めい》鶴《かく》の書によるもので、文化財として大変貴重なもの。

②シベリア強制抑留者の犠牲者の慰霊碑です。

③④母の像の設置例は多いですが、戦場の様子が表現された父の像は珍しく、胸を打つものです。

「奉拝」と「彦根市尾末町」と「滋賀縣護國神社」と「参拝日」が書かれ、御製の印と社号印が押される。

解説　日下部鳴鶴：本名は東作。明治書道界の第一人者でその書風は鳴鶴流と呼ばれた。中林梧竹（なかばやしごちく）、巌谷一六（いわやいちろく）と共に「明治の三筆」に数えられる。

創建時のままの本殿と昭和18年に建造された拝殿は、装飾のない非常にシンプルな外観。

御祭神	創建年	主な祭典	受付時間	交通
滋賀県出身またはゆかりの、国家のために一命を捧げられた神霊三四七五二柱	明治九年	春季例大祭 四月五日、みたま祭 八月十三日～十五日、秋季例大祭 十月五日	午前九時～午後四時	JR「彦根」駅下車 徒歩約十分

彦根城｜護国神社の北西隣

◆滋賀県彦根市金亀町

元和8（1622)年、約20年の歳月をかけ築城。琵琶湖から直接引き込んだ堀に囲まれた小高い山に立ちます。三重三層の天守は国宝に指定され、大名庭園の玄宮園など見どころも多数。写真は彦根市のゆるキャラ「ひこにゃん」。天守の前など彦根城域には毎日登場します。

彦根港（琵琶湖）｜護国神社より北西へ約 1.2 キロ

◆滋賀県彦根市松原町

琵琶湖は日本最大の湖で、滋賀県の面積の約6分の1を占め滋賀観光の中心になっています。彦根港からは、竹生島めぐり、※多景島めぐりの遊覧船が出港しています。竹生島には本殿が国宝に指定されている※都久夫須麻神社、西国三十三カ所観音霊場30番札所の宝厳寺があります。

多賀大社｜護国神社より南東へ約7キロ

◆滋賀県犬上郡多賀町多賀

古事記にもその記述がある古社で、境内は広大で6.6万㎡。天照皇大神の両親にあたる伊邪那岐神と伊邪那美神をお祭りしています。境内には延命祈願で有名な寿命石や、安土桃山時代に作られた奥書院庭園があります。授与品のお多賀杓子は無病長寿の杓子として有名。

解説　多景島：五箇条の御誓文が刻まれている高さ20mの「誓いの御柱」があり上陸して見学も可。
都久夫須麻神社：竹生島神社ともいう。本殿は伏見桃山城からの移築されたもので国宝。

奈良縣護國神社

神社前は高円山の麓で、社殿前庭へは、約200m境内の森の中の坂と階段を上る。

住所　奈良県奈良市古市町一九八四
電話　0742（61）2468

万葉集にも詠まれた高円山《たかまど》に鎮座

◆奈良縣護國神社は、奈良公園から南へ二キロほどのところにあります。北は春日山から南は三輪山《みわ》あたりまで奈良盆地の東部を突き抜ける古道を「山の辺《べ》の道」といい、古事記にも登場し万葉集にも詠まれた歴史のある道です。同神社はその「山の辺の道」の途中の高円山の麓にあります。

◆奈良県では※大和義挙《やまとぎきょ》以来様々な戦役で戦死した同県出身者の慰霊祭を奈良公園の浄地で行っていました。昭和十七年に、神霊《みたま》の鎮魂と遺勲を後世に伝えるため現在地に社殿を建立し、神社の創建となりました。

◆境内の見どころ

①拝殿は開放的な造りが特徴で、四面とも柱のみで壁も扉もなく、広い前庭の参列者からも、社殿内の祭典の様子が見えるようになっています。

解説　大和義挙：尊皇攘夷派浪士の一団、天誅組（てんちゅうぐみ）が幕末に高取城で決起した事件、天誅組の変ともいう。

①拝殿の内部

②境内に植えられた椿の花

③戦歿者慰霊塔

④ビルマの塔

「奉拝」と「奈良縣護國神社」と「参拝日」が書かれ、神紋印と社号印が押される。

②同神社は椿の花で有名で、境内には約千種類、数千本の椿が植えられ、毎年花の見頃の三月は大勢の参拝客で賑わいます。

③昭和五二年に奈良県内外の多くの方々の協力により建立された、奈良県出身全戦歿者の慰霊塔です。

④同県出身の大東亜戦争での戦歿者のうち約三〇〇〇名の方々がビルマ戦線で戦死されました。この慰霊碑はそのビルマ（現在のミャンマー）のお寺「パゴダ」の形に模して戦友会の皆様によって建立されました。

拝殿の左右に翼殿を配置する典型的な護国神社様式の社殿。社殿の周りの玉垣が珍しい。

御祭神	奈良県出身またはゆかりの、国家のために一命を捧げられた神霊二九二四三柱
創建年	昭和十七年
主な祭典	春季大祭 四月十五日、秋季大祭 十月二二日
受付時間	午前八時三十分~午後四時三十分
交通	バス「護国神社」下車 徒歩約五分

奈良公園 | 護国神社より北へ約 2.5 キロ

◆奈良県奈良市

奈良公園は奈良市の中心部の広大な地域にあり、東大寺、春日大社、国立博物館、正倉院などと周囲の緑が調和した美しい歴史公園です。天然記念物の野生の鹿が生息していることでも有名です。写真は興福寺の国宝五重塔で、木造の塔としては東寺（京都市）の五重塔に次ぐ高さです。

法隆寺 | 護国神社より南西へ約 11 キロ

◆奈良県生駒郡斑鳩町

法隆寺は7世紀に聖徳太子により創建された聖徳宗の総本山。金堂、五重塔などほとんどの建物は国宝に指定され、現存する世界最古の木造建築です。建築物以外にも、飛鳥・奈良時代の仏像、仏教工芸品など多数の文化財を有するまさに仏教美術の宝庫です。世界文化遺産。

神武天皇陵 | 護国神社より南へ約20キロ

◆奈良県橿原市大久保町

初代天皇である神武天皇の※御陵で、畝傍山の北東の麓にあり、非常に荘厳な雰囲気に包まれています。襟を正して参拝したい場所です。南隣には神武天皇とその皇后の媛蹈鞴五十鈴媛を御祭神とする「橿原神宮」、大東亜戦争戦歿者慰霊碑のある「若櫻友苑」があります。

解説 御陵（ごりょう、みささぎ）：天皇、皇后、皇太后の墓所のこと。宮内庁が管理する。

和歌山縣護國神社

住所　和歌山県和歌山市一番丁三番地
電話　073（425）2911

大鳥居は和歌山市役所前にある。社号標には※紀元二千六百年の文字。

「和歌山城」追廻し門東に鎮座

◆和歌山縣護國神社は、和歌山城跡にあります。元和《げんな》五（一六一九）年徳川家康の十男の徳川頼宣《よりのぶ》が駿河国府中から五五万五千石で入封《にゅうほう》し、城の改築や城下町整備を行い紀州藩の基礎を築きました。

◆和歌山県では、靖國神社にお祀りされていた県出身の戦歿者の慰霊顕彰を行うため、明治十三年から毎年天妃山《てんぴさん》（和歌山城南隣）で招魂祭を行っていました。明治二九年からは、県知事が主催し和歌山城砂之丸広場において毎年五月四、五日の両日臨時の祭壇を設け神式と仏式により招魂祭が行われていました。昭和三年「和歌山県招魂社建設期成会」が発足され、昭和十二年和歌山市より敷地の譲渡を受け現在地に社殿を竣工、「官祭招魂社」が建立され、これが神社の創建となりました。創建時の社殿は、昭和六二年不審火により焼失

解説　紀元二千六百年：昭和15年は、皇紀2600年の年であった。「皇紀（こうき）」は「神武天皇即位紀元」の略で、「皇歴（すめらこよみ）」ともいう。

①天皇皇后両陛下御親拝記念碑

②陸軍歩兵第61連隊 戦歿者慰霊碑

③陸軍歩兵第61連隊の酒保の円卓子

④護国神社から見える和歌山城

し、平成四年に現在の社殿が再建されました。

◆境内の見どころ

①昭和三七年の昭和天皇、香淳皇后御親拝記念碑です。

②陸軍第六一歩兵連隊は和歌山県の郷土部隊で、多くの戦いで一万余人の同県出身の将兵が戦死しました。

③この円卓子《えんたくし》は陸軍第六一歩兵連隊の酒保《※しゅほ》の藤棚の下にあったもので、兵士たちが訓練の余暇にこの卓を囲んで休憩をとっていたもの。戦後同神社に移設されました。

③境内から外観復元された和歌山城が見えます。

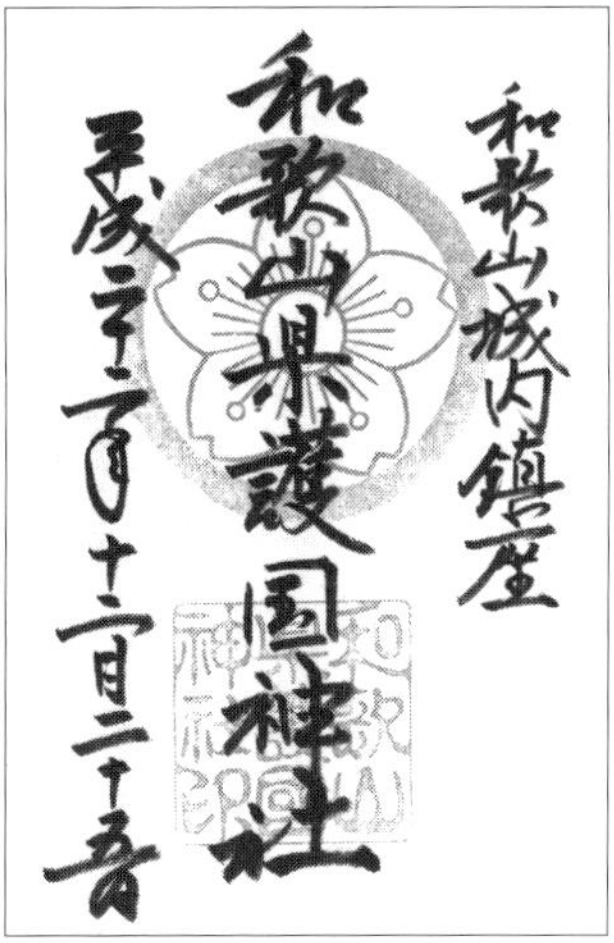

「奉拝」と「和歌山県護国神社」と「参拝日」が書かれ、神紋印と社号印が押される。

解説　酒保：旧日本軍の施設内に設けられていた売店のような場所。

平成4年再建され社殿は、防災の見地などから総コンクリート造で現代的な外観となっている。

御祭神	和歌山県出身またはゆかりの、国家のために一命を捧げられた神霊三六六七〇柱
創建年	昭和十二年
主な祭典	春季例大祭 五月五日、平和祈念祭 八月十五日、秋季例大祭 十月五日
受付時間	午前八時〜四時三十分
交通	バス「市役所前」下車 徒歩約五分

番所庭園《ばんどこ》（雑賀崎《さいがさき》）｜護国神社より南西へ約５キロ

◆和歌山県和歌山市雑賀崎

雑賀崎西端にあり和歌浦湾に突き出た岬「番所の鼻」にある芝生庭園。岬は江戸時代は紀州藩の海上の見張り番所が置かれた場所でした。紀伊水道に浮かぶ大島、中ノ島を眼前に望む景勝の地で、夕日の名所にもなっています。写真は雑賀岬灯台より撮影したものです。

和歌山県立紀伊風土記の丘｜護国神社より東へ約６キロ

◆和歌山県和歌山市岩橋

和歌山市東部の丘陵地にある広大な県立博物館施設。特別史跡に指定される岩橋千塚古墳群があり、復元した古墳時代の竪穴住居なども展示されています。国の重要文化財に指定されている漁師の民家「旧谷山家住宅」と大庄屋の民家「旧柳川家住宅」は必見です。

高野山｜護国神社より東へ約36キロ

◆和歌山県伊都郡高野町

弘法大師空海が約1200年前に開山した真言密教の聖地。標高約900mの山上に※金剛峯寺（写真）を含め100以上の寺院が集まる一大宗教都市です。弘法大師御廟のある奥の院への約2キロ参道には皇室、公家、大名などの墓、戦歿者慰霊碑などが数万基並んでいます。

解説　金剛峰寺（こんごうぶじ）：真言宗総本山。京都の東寺と共に、真言宗の宗祖である弘法大師（空海）が宗教活動の拠点とした寺。

大阪護國神社

住所 大阪府大阪市住之江区南加賀屋加賀屋一－一－七七

電話 06（6681）2372

神社前。境内は、住之江公園の隣にあり四季の緑が美しい。

都市公園「住之江公園」隣に鎮座

◆大阪護國神社は、大阪市営地下鉄の住之江公園駅、地上出口のすぐ前にあります。「住之江公園」は大阪市南端の港近くにある運動施設も充実した都市公園です。

◆大阪府では、明治維新以降戦歿者の慰霊祭祀は、府内には招魂社は建立されず毎年大阪市中心部の「中之島公園」や陸軍の「城東練兵場（大阪城附近）」などに臨時の祭壇を設けて行われていました。昭和十二年支那事変※が起こると府民から戦歿者のご遺徳を永く後世に残さなければならないとの崇敬の声が高まり、昭和十五年五月現在地に社殿が建立され神社の創建となりました。終戦後は境内が創建時の約三分の一にまで縮小され、本殿も場所を移して再建されましたが、国内の情勢が落ち着いた昭和三八年に新たな社殿が再度建立され現在の姿となりました。

解説 支那事変：昭和12年盧溝橋事件が起こると日本は出兵を声明し、日本と中華民国間で始まった戦争。

①神社前の社号標

②北鳥居

③奉安殿

④祖霊社「ほまれの宮」

◆境内の見どころ
①社号標、燈籠、手水舎などは、昭和十五年の創建当時のものが移築されています。
②同神社の鳥居で唯一創建時から現存する桧造の鳥居です。写真は住之江公園側から境内を撮影したもの。
③※仁徳天皇、東郷平八郎元帥をお祀りしています。昭和二三年には東郷元帥のご遺髪が納められました。
④御祭神の親族などご縁のある方をお祀りするお社《やしろ》です。本殿のすぐ隣にあります。

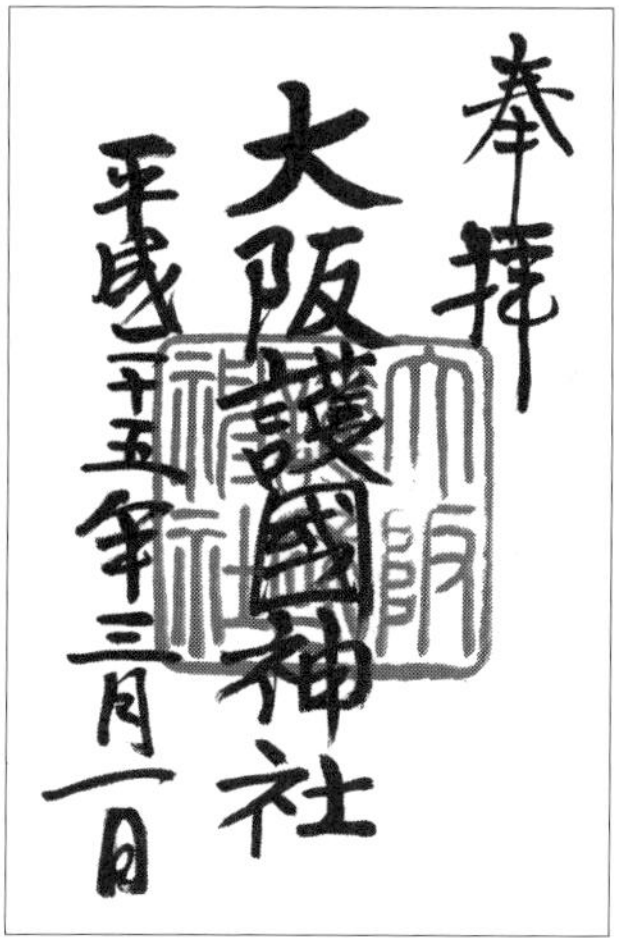

「奉拝」と「大阪護國神社」と「参拝日」が書かれ、社号印が押される。

解説 仁徳天皇：第16代天皇。日本書紀には「聖帝」と描かれ大阪での大規模な土木開発を行った伝承がある。

豪壮な向拝をもつ社殿は、銅板葺屋根が緑青に美しく変化し風格ある雰囲気が漂う。

御祭神	大阪府出身またはゆかりの、国家のために一命を捧げられた神霊一〇五六四九柱
創建年	昭和十五年
主な祭典	春季例大祭 五月二十日、みたままつり 八月十四日～十五日、秋季例大祭 十月二十日
受付時間	午前十時～午後四時
交通	大阪市営地下鉄「住之江公園」駅下車 一番出口徒歩一分

住吉大社 | 護国神社より東へ約 1.5 キロ

◆大阪府大阪市住吉区住吉

全国に約2000社以上ある住吉神社の総本社。御祭神は住吉大神と総称される4神で、境内には4神それぞれの4つの本殿が並んでおり、そのすべてが国宝に指定されているます。写真は神社前。電車は大阪市と堺市を結ぶ阪堺電車で、大阪市内に残る唯一の路面電車です。

大阪城 | 護国神社より北東へ約 3 キロ

◆大阪府大阪市中央区大阪城

大阪城は3度築城され1度目は豊臣秀吉が築城、2度目は江戸幕府2代将軍徳川秀忠が豊臣大阪城の縄張の上に盛り土をし築城、いずれも築後数十年で焼失。3度目は昭和6年徳川大阪城の盛り土の上に豊臣大阪城を模して鉄筋コンクリート造で築城されました。

通天閣 | 護国神社より北東へ約 5.5 キロ

◆大阪府大阪市浪速区恵美須東

現在の通天閣は2代目で昭和31年に造られ、最上階の高さは130m。東京タワーなどと同じ内藤多仲の設計。展望室には福の神ビリケンさんが置かれています。周辺には、天王寺公園、天王寺動物園、今宮戎神社、四天王寺など見どころが多数あります。

京都霊山護國神社

住所　京都府京都市東山区清閑寺霊山町一
電話　075（561）7124

参道。同神社の社号標、狛犬、鳥居、制札※は参道の坂の途中に設置されている。

明治維新の立役者が眠る護国神社

◆京都霊山護國神社のある東山は、京都盆地の東側に位置し嵐山と並ぶ京都の人気観光地区で、八坂神社、清水寺など京都を代表する神社仏閣が集中します。同神社は東山三六峯※の一つ「霊山《りょうぜん》」の麓にあります。

◆同神社の歴史は古く、慶応四年五月明治天皇は御沙汰書《おさたしょ》を発せられ、嘉永六年の黒船来航以来国難に殉じた勤王派志士の神霊《みたま》を祀るため京都東山の地にお社《やしろ》の建立をお命じになられたのを創建とします。その御沙汰書を受け公家や諸藩は霊山に小祠、墓所を造営し「霊山官祭招魂社」と称しました。その後、昭和十一年京都府知事らが発起人となり「霊山官祭招魂社造営奉賛会」が発足し、新たな社殿の建設と境内の拡張工事が始まり昭和十四年に竣工しました。

◆境内の見どころ（④は境内の外）

解説　東山36峯：京都盆地東部の山々の総称。比叡山、如意ヶ嶽（通称大文字山）が有名。
制札（せいさつ）：神社の境内入口に掲げられる禁止事項を書いた木札。

①坂本龍馬、中岡慎太郎の墓

②旧霊山官修墳墓（写真は鳥取県招魂社）

③昭和の杜（写真はパール判事顕彰碑）

④霊山歴史館

①境内の霊山の山には明治新政府樹立に力を尽くした約千人の志士の墓所があります。坂本龍馬、中岡慎太郎の墓前は眺望も良く、京都市中心部が一望できます。
②山口、高知、福岡、熊本、鳥取、岐阜、茨城の各県の招魂社、招魂場が現在も境内にあります。
③昭和の杜には大東亜戦争の戦歿者慰霊碑や記念碑があります。写真は極東軍事裁判でただ一人被告全員無罪を唱えたインド代表のパール※判事の顕彰碑です。
④幕末・明治維新の資料館で、坂本龍馬の展示が充実。

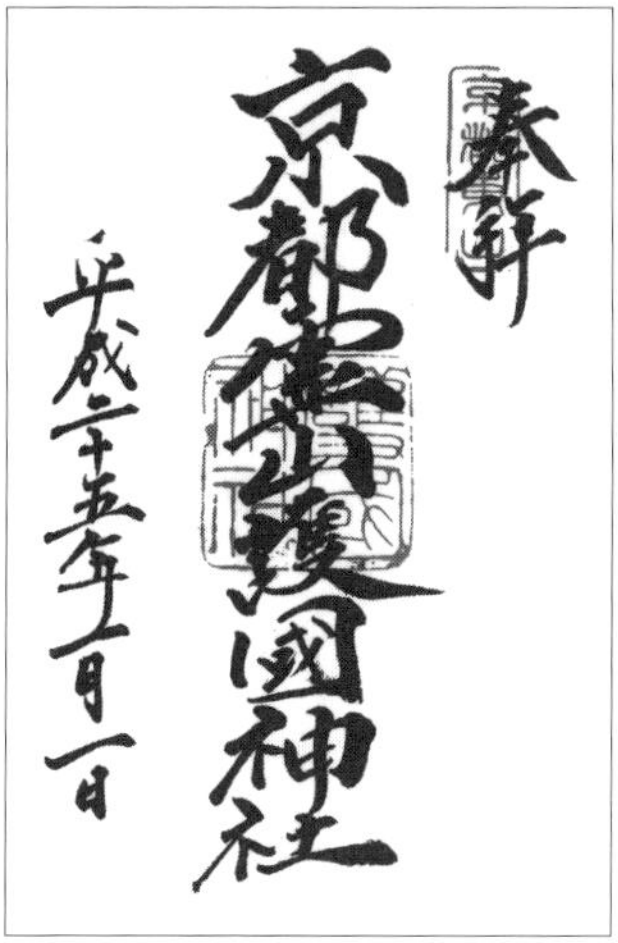

「奉拝」と「京都霊山護國神社」と「参拝日」が書かれ、「京都東山」と社号印が押される。

解説　パール判事：ラダ・ビノード・パール、国際法学者、カルカッタ大学総長。極東軍事裁判（東京裁判）では、同裁判は国際法に違反し戦勝国の敗戦国に対する復讐劇に過ぎない、と主張した。

境内の平地面積は比較的狭いが、流造の本殿と入母屋造の拝殿は大らかな美しさを見せている。

御祭神	京都府出身またはゆかりの、国家のために一命を捧げられた神霊七三〇〇〇余柱
創建年	慶応四年
主な祭典	春季例大祭 四月二八日、みたま祭 八月十三日～十六日、秋季例大祭 十月十四日
受付時間	午前九時～午後五時
交通	バス「東山安井」下車 徒歩十五分

京都御苑《ぎょえん》｜護国神社より北西へ約 2.5 キロ

◆京都府京都市上京区京都御苑

京都御苑には現在、京都御所、仙洞御所などがあり、その周囲は緑地帯で、全体は入場無料の公園となっています。明治2年に首都が東京に移るまでこの御苑内には公家屋敷が並び、公家町を形成していました。御所内は宮内庁への事前申請により見学が可能です。

醍醐寺｜護国神社より南東へ約 6 キロ

◆京都府京都市伏見区醍醐東大路町

上醍醐から下醍醐まで約200万坪の寺域をもつ真言宗醍醐派総本山の古寺。京都最古の木造建築物である天暦5（951）年建立の五重塔をはじめ、金堂など多くの建造物が国宝に指定されており、その他仏像、絵画など伝承された国宝の数は6万9000点にも及びます。写真は霊宝館です。

石清水八幡宮｜護国神社より南西へ約 15 キロ

◆京都府八幡市八幡高坊

貞観元（859）年、王城鎮護のため、平安京の裏鬼門（南西）に当たる男山に九州の宇佐神宮の八幡神を勧※請したのが創建。源氏の氏神となり源頼朝は5度も参拝しています。朱塗りの社殿は徳川家光の寄進で国の重要文化財に指定されています。宮中の四方拝で遥拝される一社。

解説 勧請（かんじょう）：本社の御祭神の分霊を迎えて、新たに設けた社殿に祀ること。

兵庫縣神戸護國神社

住所　兵庫県神戸市灘区篠原北町四丁目五－一
電話　078（882）1700

神社前。周辺は閑静な住宅街。写真は平成23年撮影で現在鳥居は建替えられている。

白い清楚な社殿が美しい護国神社

◆兵庫縣神戸護國神社は、神戸市中心街「三ノ宮」から東へ五キロほどの神戸市の山の手にあります。付近には六甲山の登山口である「六甲ケーブル」と「まやケーブル」のケーブルカーのりばもあります。

◆兵庫県東部地区では、戦歿者の慰霊祭祀は、当初神戸市兵庫区会下山《えげやま》に臨時の祭壇を設け官民合同で行っていました。昭和十六年七月神戸市灘区の関西学院《かんせいがくいん》跡地（現在の王子公園、現在地から西へ約一キロ）に壮麗な社殿が建立され、神社の創建となりました。しかし、昭和二十年六月の神戸大空襲で社殿はすべて焼失し、戦後しばらくは仮設の社殿で祭祀を行っていましたが、昭和三二年現在地に場所を移し社務所を建設し、次いで昭和三四年に社殿も完成し現在の姿となりました。

◆境内の見どころ

①狛犬

②灯明台

③大戦殉難北方異民族慰霊の碑

④末廣稲荷社

「兵庫縣神戸護國神社」と「参拝日」が書かれ、大きな神紋印と社号印が押される。

①②狛犬、灯明台、社号標は創建当時のものが移築されています。特に写真②の灯明台は神戸大空襲の焼夷弾で受けた破損跡が残る歴史的にも貴重なものです。

③陸軍の特務機関に協力した日本領時代の南樺太※在住のギリヤーク人、オロッコ人の戦歿者の慰霊碑。神戸市在住の元関係者により建立されたものです。

④境内社。同神社が、戦後王子公園から現在地に移転する前より現在地にあった小祠です。稲荷神社として地元の方々から深い崇敬を集めています。

解説 南樺太：宗谷海峡を挟んで北海道の北に位置する島。日露戦争後、日本はポーツマス条約により北緯50度以南を領有し「南樺太」と称した。

左右に小規模な翼殿をもつ社殿は、外壁や柱が白で統一された美しい姿。右隣に末廣稲荷社。

御祭神	兵庫県東部（丹波、摂津、淡路）出身またはゆかりの、国家のために一命を捧げられた神霊五三二五七柱
創建年	昭和十六年（現社地への遷座 昭和三四年）
主な祭典	春季例祭 五月六日、秋季例祭 十一月六日
受付時間	午前九時～午後五時
交通	阪急神戸線「六甲」駅下車 徒歩約二十分 バス「護国神社前」下車 徒歩一分

灘の酒蔵（櫻正宗酒造記念館）｜護国神社より南東へ約3.5キロ

◆兵庫県神戸市東灘区魚崎南町

神戸市灘地区と西宮市とその周辺は江戸時代より酒造りに適した上質の酒米と上質のミネラル水が取れ、さらに同地は製品の水上輸送に便利な港があったことから、日本酒の名産地として栄えました。現在も酒造メーカーが集中し、酒蔵めぐりが楽しめます。

神戸布引《ぬのびき》ハーブ園｜護国神社より南西へ約 3.5 キロ

◆兵庫県神戸市北野町

山陽新幹線新神戸駅、市営地下鉄新神戸駅からロープウェイのハーブ園山麓駅まで徒歩5分。神戸布引ハーブ園とロープウェイからは、神戸市内が一望できます。園内には約200種7万5000株のハーブや花が四季折々咲き、「ミントカフェ」では様々なハーブ茶が楽しめます。

神戸港震災メモリアルパーク｜護国神社より南西へ約 5 キロ

◆兵庫県神戸市中央区波止場町

平成7年に起こった阪神淡路大震災によって被災した※メリケン波止場の一部を被災そのままの状態で保存し見学できるようにした公園です。メリケンパーク内の北東端にあります。神戸港の被災の状況、復旧の過程など記録した模型や映像、写真パネルなども展示されています。

解説　メリケン波止場：明治元年に明治新政府が兵庫港の埠頭の一つとして開設。近くに米国領事館があったことから「アメリカン」の発音から「メリケン」波止場と呼ばれるようになった。

兵庫縣姫路護國神社（白鷺宮《しらさぎのみや》）

住所　兵庫県姫路市本町一一八
電話　079（224）0896

神社前。境内の後方に姫路城天守が見える。平成 20 年撮影。写真は神社提供。

国宝「姫路城」の大手門東に鎮座

◆兵庫縣姫路護國神社は、兵庫県西部の中核都市姫路市にあり、市の象徴「姫路城」の横、姫路公園内の南東に位置します。姫路城には明治になって陸軍が置かれ、老朽化した城の建物は次々と解体されていきました。陸軍工兵隊の中村重遠《なかむらしげとお》大佐は先人の築いた名城は後世に残さなければならないとの考えから国費による城の保存活動を始め、天守の倒壊の危機を救いました。

◆兵庫県では明治二六年より現在の姫路公園※内で臨時の祭壇を設けて官民一体となって同県出身の戦歿者の神霊《みたま》をお祀りする招魂祭を行っていましたが、多くの県民よりお社《やしろ》の建立の要望が高まり、昭和十三年に現在地に社殿が竣工され同神社は創建されました。

◆境内の見どころ

①境内にある結婚式場を兼ねたホール。二階からのお

解説　姫路公園：姫路城を中心とした都市公園。護国神社は公園区域内にある。

①白鷺宮参集殿の館内の様子

②社殿前の社号標

③拝殿前の銅製狛犬

④賀堂流碑（詩吟が流れるスピーカー設置）

堀越しの姫路城は素晴らしい眺めです。見学は要連絡。

②現境内から一〇〇mほど東にあった社号標を戦後境内が縮小されたときに社殿前に移設したもの。同神社創建時の歴史を物語る貴重な社号標です。

③珍しい拝殿のすぐ前にある銅製狛犬。戦後米進駐軍により撤収されましたが平成二年に復元されました。

④詩吟賀道流の創始者※磯部賀堂《いそべがどう》の顕彰碑です。賀堂は昭和十七年中国山東省の戦地慰問のとき急逝。靖國神社と同神社の御祭神としてお祀りされています。

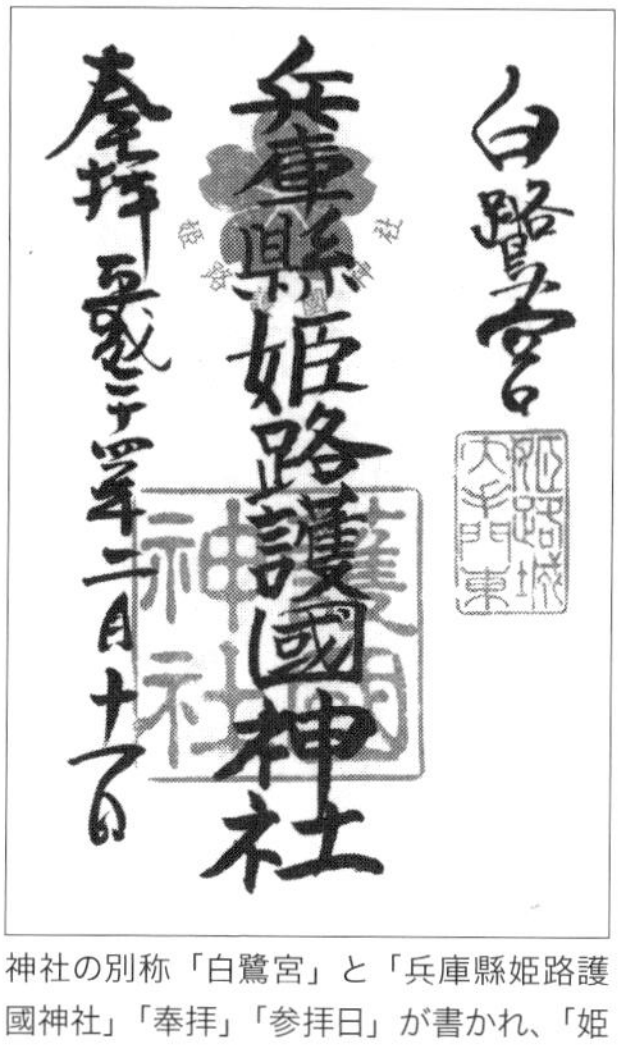

神社の別称「白鷺宮」と「兵庫縣姫路護國神社」「奉拝」「参拝日」が書かれ、「姫路城大手門東」と神紋印と「護國神社」の印が押される。

解説　磯部賀堂：明治26生まれ、姫路藩の詠法を継承し詩吟の普及に貢献した。

拝殿の左右に翼殿を配置する典型的な護国神社様式の社殿。社殿前に朱色の神紋桜花の神灯。

御祭神	兵庫県西部（播磨、但馬地区）出身またはゆかりの、国家のために一命を捧げられた神霊五六九八八柱
創建年	昭和十三年
主な祭典	春季例大祭 五月二日、季例大祭 十一月二日
受付時間	午前九時～午後四時
交通	ＪＲ「姫路」駅下車 徒歩約十五分

神社周辺の見どころ

姫路城 | 護国神社の北隣

◆兵庫県姫路市本町

平成5年日本初の世界文化遺産に登録された日本の城郭建築を代表する国宝の名城です。白鷺が羽を広げて舞っているように見えることから別名白鷺城とも呼ばれます。写真は明治初期姫路城保存に尽力した陸軍工兵隊の中村重遠大佐の記念碑で城内の入口すぐ近くにあります。

手柄山《てがらやま》公園 | 護国神社より南西へ約 2.5 キロ

◆兵庫県姫路市西延末

水族館、温室植物園、中央体育館などが集まる市民公園。園内の「手柄山交流ステーション」は、昭和54年に廃止された旧姫路市営モノレールの元「手柄山駅舎」を改築したもので当時のホームに当時の車両がそのまま展示保存され貴重な施設となっています。

書寫山圓教寺《しょしゃざんえんきょうじ》 | 護国神社より北西へ約 6 キロ

◆兵庫県姫路市書写

書写山は、姫路市の北部にある標高370mほどの小高い山で、山上にある圓教寺は約1000年前に開かれた天台宗の寺院。西国《さいごく》霊場の第 27 番札所としても知られています。山頂にある寺院へは一般車両は進入禁止で、徒歩かロープウェイを利用して参拝します。

鳥取縣護國神社

住所　鳥取県鳥取市浜坂一三一八‐五三
電話　0857（22）4428

神社前。神社は鳥取砂丘の丘陵地にあり、社殿前からは日本海を一望できる。

国の天然記念物「鳥取砂丘」に鎮座

◆鳥取縣護國神社のある鳥取市は鳥取藩の城下町で、同藩は因幡《いなば》・伯耆《ほうき》を領有し幕末は三二万石の大藩でした。鳥取藩十二代藩主で最後の藩主池田慶徳《いけだよしのり》は戊辰《ぼしん》戦争では新政府軍側として戦い、鳥取藩士で北辰一刀流の剣客の千葉重太郎らが率いる志願農兵隊※「山国隊《やまぐにたい》」などが各地を転戦し新政府軍の勝利に貢献しました。

◆明治元年十一月慶徳《よしのり》は、戊辰戦争で戦死した藩士の神霊《みたま》を祀るため操練場に小祠を設け祭祀を行い、これが神社の創建となりました。明治三年鳥取市浜坂（現在地付近）に招魂祭場を設け祭祀を行い、明治八年に池田家より鳥取県に移管され「鳥取招魂社」となりました。明治三十年に鳥取市上町（樗谿《おうちだに》公園）に移転しましたが境内が手狭であったため、昭和四九年現在地に移転、社殿を建立し現在の姿となりました。

解説　山国隊：幕末維新期の草莽隊（そうもうたい）の一つ。明治元年に丹波山国地方（現京都市右京区京北）で結成。戊辰戦争では江戸、東北にも進軍した。

①戊辰戦争戦歿者慰霊燈籠

②社殿前石柱

③陸軍少年飛行兵戦歿者慰霊碑

④比島戦歿者慰霊碑

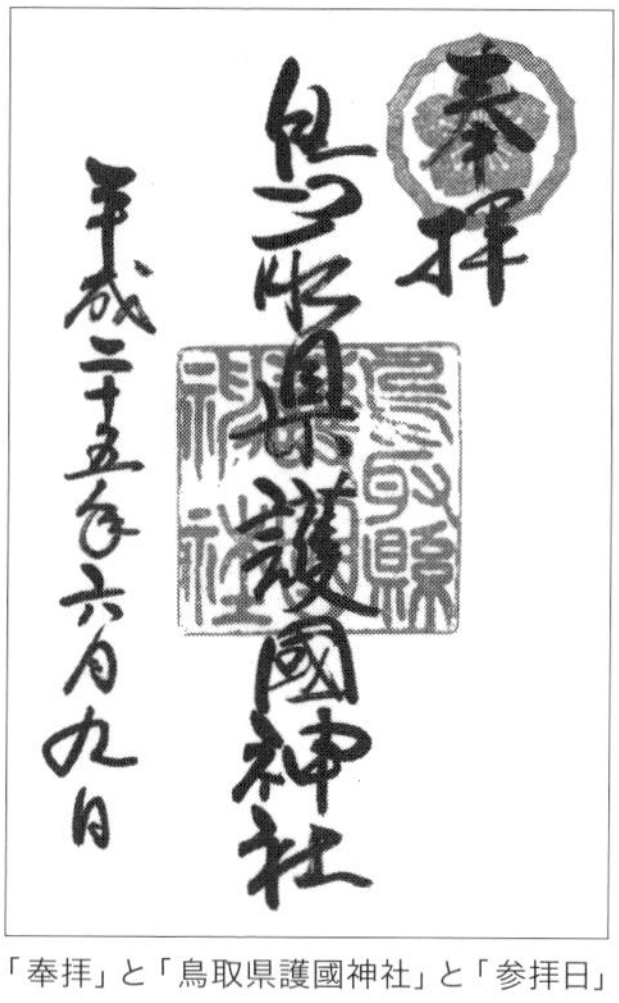

「奉拝」と「鳥取県護國神社」と「参拝日」が書かれ、社紋印と社号印が押される。

◆境内の見どころ

①山国隊に従軍し戦死した隊士の慰霊碑。石碑には建立された「明治二年」の文字が刻まれています。

②昭和十八年の地震で倒壊した前社地にあった鳥居の一部が一対の石柱として設置されています。左右の柱にはそれぞれ「流※」と「芳」の文字が刻まれています。

③同神社の慰霊碑は砂丘の砂の上に建立されています。

④陸軍歩兵第六三連隊のフィリピンルソン島での戦歿者慰霊碑。碑の文字は田中角栄総理大臣によるもの。

解説　流芳（りゅうほう）：後世に伝わる名声。護国神社では、後世に伝える戦歿者の遺徳。

拝殿の左右に翼殿を配置する社殿は、屋根や扉に装飾がなく清楚な雰囲気が漂う。

御祭神	鳥取県出身またはゆかりの、国家のために一命を捧げられた神霊二三四七七柱
創建年	明治元年（現在地への遷座 昭和四九年）
主な祭典	春季例大祭 四月二二日、秋季例大祭 九月二二日
受付時間	随時
交通	JR「鳥取」駅下車 タクシー約二十分

鳥取砂丘 | 護国神社より北へ約0.5キロ

◆鳥取県鳥取市福部町湯山

東西16キロ、南北2キロの日本海に面した大砂丘。中国山地から流れ出た千代(せんだい)川と風が運ぶ砂が10万年の歳月を経て積みあがったもの。珍しいらくだ乗り体験（写真）はおすすめ。周辺には、鳥取砂丘こどもの国、鳥取砂丘砂の美術館、浦富海岸島めぐりなど見どころ多数。

池田家墓所 | 護国神社より南へ約 6.5 キロ

◆鳥取県鳥取市国府町奥谷

鳥取藩主池田家の初代光仲から第11代慶栄までの藩主とその夫人や姫の78基の墓碑と、254基の燈籠が整然と立ち並び、周辺の四季の景色も大変美しいところです。国指定史跡。周辺には鳥取城跡、宇倍神社、興禅寺、※鳥取東照宮など見どころが多数あります。

白兎《はくと》海岸 | 護国神社より西へ約 10 キロ

◆兵庫県神戸市中央区波止場町

古事記にある「因幡の白菟」の物語の舞台とされる海岸。白い砂の浜が続き、海中に浮かぶ小さい島は白兎が渡ったとされる淤岐（おき）ノ島です。白兎海岸の向かいは道の駅「神話の里白うさぎ」があり、その隣には神話の裸の菟を御祭神とする白兎神社が鎮座します。

解説 鳥取東照宮：平成23年まで樗谿（おうちだに）神社と称していた。祭神は東照大権現、配祭神として池田忠継・忠雄・光仲・慶徳。建造物は国の重要文化財に指定されている。

岡山縣護國神社

住所 岡山県岡山市中区奥市三番二一号
電話 086（272）3017

神社正面の第一鳥居から参道、第二鳥居、前庭、社殿と一直線に突き抜ける境内。

備前焼の狛犬のある護国神社

◆岡山縣護國神社は、岡山市内中心市街地からもほど近い操山《みさおやま》の麓にあります。神社の周辺は天然の森に囲まれ、社頭から二基の木製の鳥居を抜けると社殿前の広い前庭が広がります。

◆明治二年四月、岡山藩第十代藩主で最後の藩主池田《いけだ》章政《あきまさ》が、※御後園《ごこうえん》付近の旭川の河原において、戊辰《ぼしん》戦争の同藩出身の戦歿者三四人の招魂祭を行ったのが神社の創建となりました。その年の六月には岡山市の東山（現東山公園）に社殿と石碑を建立し戊辰戦争の奥羽、箱館戦争での戦歿者の神霊《しんれい》五五柱を祭祀しました。大正四年四月現在地に場所を移し社殿を造営し遷座、また昭和十八年には社殿を改築し境内の拡張工事を行い、現在の姿となりました。

◆境内の見どころ

解説　御後園：後楽園の旧名称。

①忠霊塔

②備前焼の狛犬

③灯明台（とうみょうだい）

④宝物遺品館

①昭和二八年建立、岡山市の旧陸軍墓地にあった仮納骨堂のご遺骨が納められています。

②同神社の狛犬は石造りではなく焼き物で作られています。備前焼の地元岡山県ならではの珍しい狛犬です。

③西南戦争の最中の明治十年建立。石の壇には明治元年戊辰戦争に出兵した岡山藩士の名前が刻まれています。狛犬と共に第一鳥居の前にあります。

④戦歿者の遺品、戦争史料、岡山県内崇敬者から寄贈された美術品などが展示されています。見学は要連絡。

「奉拝」と「岡山縣護國神社」と「参拝日」が書かれ、社号印が押される。

拝殿の左右に翼廊を配置する典型的な護国神社様式の社殿。左の翼廊は廻廊と接続。

御祭神	岡山県出身またはゆかりの、国家のために一命を捧げられた神霊五六七一八柱
創建年	明治二年（現在地への遷座 大正四年）
主な祭典	春季慰霊大祭五月六日、萬燈みたま祭八月十五日～十六日、秋季慰霊大祭十月六日
受付時間	午前九時～午後四時
交通	路面電車「東山」下車 徒歩約十五分 バス「護国神社」下車 徒歩約八分

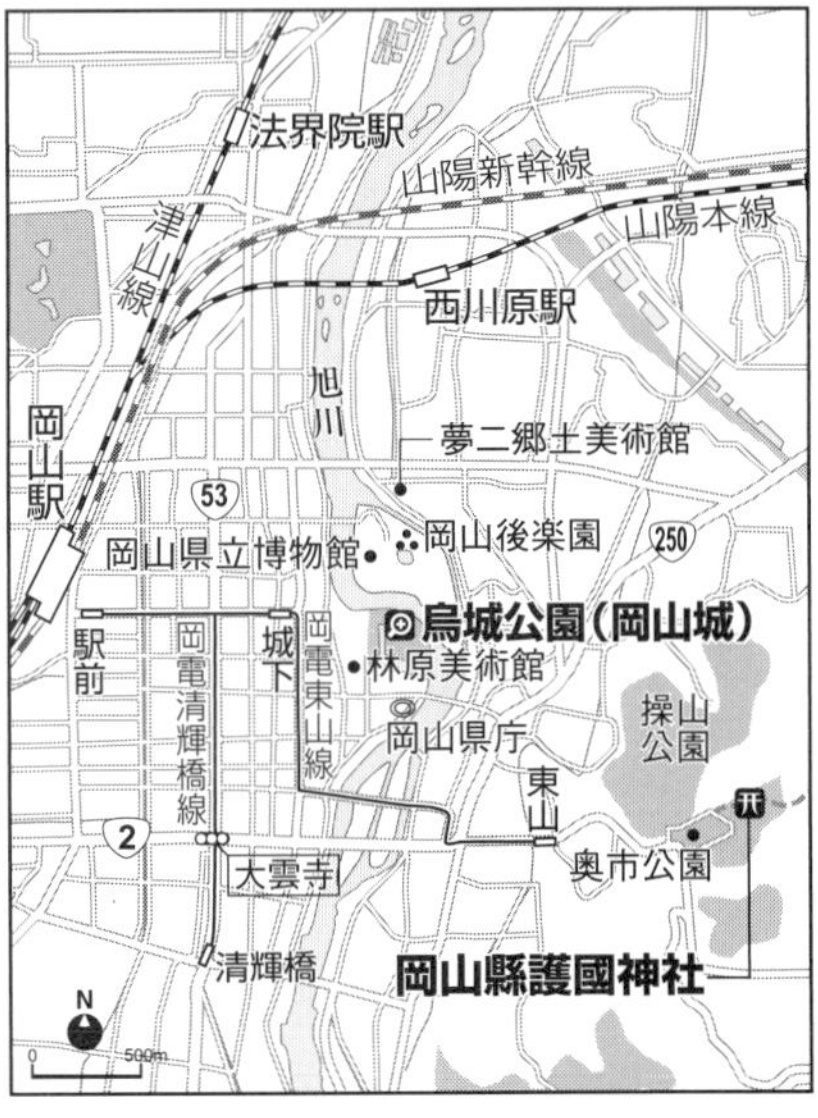

神社周辺の見どころ

烏城《うじょう》公園（岡山城）｜護国神社より北西へ約2キロ

◆岡山県岡山市北区丸の内

岡山城はその外壁の黒い※下見板張りの姿から「烏城」とも呼ばれています。昭和20年の空襲で焼失しましたが、昭和41年に外観復元されました。焼失を免れた2棟の櫓が国の重要文化財に指定されています。旭川を挟んで隣には、日本三名園の一つ「後楽園」があります。

倉敷美観地区｜護国神社より西へ約 18 キロ

◆岡山県倉敷市中央

江戸時代、倉敷は瀬戸内海につながる倉敷川の水運を利用し備前藩の物流拠点として発展しました。現在も豪商の屋敷や蔵などが現存し、幕府天領時代の町並みをよく残しており、昭和54年重要伝統的建造物群保存地区として選定されました。地区内にある大原美術館は必見です。

備前焼の里｜護国神社より東へ約 21 キロ

◆岡山県備前市伊部

備前焼は備前市周辺を産地とする、釉薬を一切使わない陶器です。JR赤穂線の伊部（いんべ）駅付近には備前焼窯元が集中し、直売も行われています。備前焼伝統産業会館はJR伊部駅舎にもなっており、駅東隣の岡山県備前陶芸美術館には「古備前」が常設展示されています。

解説 下見板：下から順に少しずつ重ねながら外壁に張る木製の板。現代の木造建築にも使用されている。

備後護國神社

住所　広島県福山市丸の内一―九―一
電話　084（922）1180

外拝殿前の左右の石柱には軍人勅諭の一節「義勇奉公」「威烈光華」の文字がある。

約二百年前建立の社殿をもつ護国神社

◆備後護國神社は、福山城北隣の松山という小高い山の上に社殿が、山の麓に外《げ》拝殿があります。

◆明治元年、福山藩第十代藩主で最後の藩主阿部正桓《あべまさたけ》が、戊辰《ぼしん》戦争での福山藩士の戦歿者の神霊《みたま》を祀るために、福山市吉津に「招魂社」を建立したのが神社の創建です。明治二六年には福山城の本丸の櫓跡に遷座しました。昭和十五年に芦田川河畔に新たに広大な境内の護国神社の建立が決定しましたが、遷座されることなく完成目前の昭和二十年八月福山大空襲により焼失。戦後は「備後神社」と一時改称しました。昭和三二年、現在地にあった※八棟造《やつむねづくり》の「※阿部神社」の社殿を改装したうえで、阿部神社と備後神社を合祀し「備後護國神社」が設立されました。

◆境内の見どころ

解説　八棟造：神社建築様式。上から見ると屋根の棟木が「エ」の字形をする。
阿部神社：福山藩歴代の阿部家の当主を御祭神とする神社、勇鷹神社と称した。

①第7代藩主阿部正弘公石像潜り

②メレヨン島戦歿者慰霊碑

③安産祈願の像

④宮本武蔵腰掛石

①石像は拝殿の北側にあります。合格祈願のご祈祷の後この石像の下を潜ると、ご利益があるそうです。

②※メレヨン島は大東亜戦争で約六〇〇〇人の将兵が上陸。しかし戦闘も補給もなく約九割の将兵が餓死病死しました。他にも多くの戦歿者慰霊碑があります。

③同神社は安産祈願の参拝者が多く、祈祷を受けられた方はこのかわいい像をなでて帰られます。

④福山の武家屋敷の饗宴の席で、宮本武蔵が腰を掛けたとされる庭石が境内にあります。

「奉拝」と「備後護國神社」「参拝日」が書かれ、「福山市松山鎮座」と護國神社印と阿部神社印が押される。

解説 メレヨン島：標高がほとんどなく植物が育たない南太平洋の小島。ミクロネシア連邦ヤップ州。

社殿。外拝殿から長い階段を上ると山の上には社殿が鎮座する。

御祭神	広島県東部（旧備後国）出身の神霊三二四四九柱。備後福山藩阿部家歴代当主、大彦命・武沼河別命・豊韓別命
創建年	明治元年（現在地への遷座 昭和三二年）
主な祭典	春季勇鷹祭（阿部神社例祭）五月十九日、秋季例大祭 十月二三日
受付時間	午前八時三十分～午後四時
交通	ＪＲ「福山」駅下車 徒歩約五分

福山城｜護国神社の南隣

◆広島県福山市丸之内

元和5（1619）年徳川家康の従兄弟水野勝成が福山十万石の領主となって築城、昭和20年の戦災で焼失した天守は昭和41年に外観が復元されました。京都の伏見城から移築された伏見櫓と筋鉄御門は創建当時の建造物で、国の重要文化財に指定されています。

鞆《とも》の浦《うら》｜護国神社より南へ約12キロ

◆広島県福山市鞆町

瀬戸内海は、満潮と干潮で鞆の浦を境にして潮の流れが変わり、古くから「潮待ちの港」として栄えました。古い土壁の続く路地や情緒ある商家、古寺など見どころも多数。写真は常夜灯。箏曲家宮城道雄の代表作「春の海」は鞆の浦の海をイメージして作曲されたものです。

浄土寺（尾道）｜護国神社より西へ約18キロ

◆広島県尾道市東久保町

尾道は坂の町、文学の町、映画の町として全国に知られています。古寺も多く、真言宗大本山の浄土寺は聖徳太子の創建と言われ、本堂、多宝塔は国宝に指定されています。また奥の院の展望台から見下ろす風景は尾道を代表する風景。写真は浄土寺の山門前階段から見た尾道水道※。

解説 尾道水道：尾道の中心市街地がある本州側と向島(むかいしま)の間にある海峡。幅はわずか200mほどでまるで川のように狭い。

廣島護國神社

住所　広島県広島市中区基町二一番二号
電話　082（221）5590

神社前で北から南を見た写真。立派な注連縄柱と大鳥居が並ぶ華やかな神社前。

平城《ひらじろ》の名城「広島城」本丸跡に鎮座

◆廣島護國神社は、広島市の市街地のほぼ中心、広島城の本丸跡にあり、初詣参拝者数は中国地方でも有数の神社として多くの県民から崇敬されています。

◆明治元年十一月戊辰《ぼしん》戦争で戦死した廣島藩士七八名の神霊《みたま》を、※饒津《にぎつ》神社の境内に「水草霊社《みくされいしゃ》」という小祠を建立しお祀りしたのが神社の創建です。昭和九年には陸軍西練兵場の西端に社殿を造営し遷座しましたが、昭和二十年八月至近距離上空で原子爆弾が炸裂し、すべての社殿を焼失。戦後は同所に小祠を設けて祭祀を続けていましたが、昭和三一年現在地に社殿を造営し遷座しました。平成五年※御大典《ごたいてん》記念事業として本殿拝殿をはじめ儀式殿、石鳥居、石畳の工事が竣功。また平成二一年には創建一三〇年事業として悠久殿などの新築、建て替え工事が竣功し、現在の姿となりました。

解説　饒津神社：広島藩藩主浅野家の初代浅野長政らを御祭神とする神社。
御大典：天皇が即位されるときに行われる一連の儀式の総称。

①広島城裏御門跡付近の「被爆鳥居」

②中国軍管区司令部原爆慰霊碑

③撫で鯉、昇鯉の像

④広島城復元天守

◆境内の見どころ（①②④は境内の外）

①原爆投下の被害の中でも倒壊しなかった廣島護國神社の大鳥居で、戦後同所に移設されたものです。

②終戦前、広島城には中国軍管区司令部があり多くの軍人軍属や学徒動員女学生が原爆の犠牲となりました。

③鯉城と言われる広島城に因み「昇鯉の像」と夫婦の鯉の「双鯉の像」の二つの撫で鯉があります。昇鯉の像は難関突破、目標達成、開運出世に御利益あり。

④昭和三三年に外観復元された広島城天守です。

「鯉城跡鎮座」と「廣島護國神社」と「参拝日」が書かれ、神紋印と社号印が押される。

近年社殿は着実に整備され、間口の広い社殿は一度に多くの参拝者の自由参拝にも対応する。

御祭神	広島県西部（旧安芸国）出身の神霊 九二六五二柱 ※原爆投下の犠牲になった勤労奉仕中の動員学徒、女子挺身隊など含む
創建年	明治元年（現在地への遷座 昭和三三年）
主な祭典	春季大祭 四月第二日曜日、原爆慰霊祭 八月六日、英霊感謝祭 八月十五日、秋季大祭 十月第三日曜日
受付時間	午前九時〜午後四時三十分
交通	アストラムライン「県庁前」駅下車 徒歩約七分

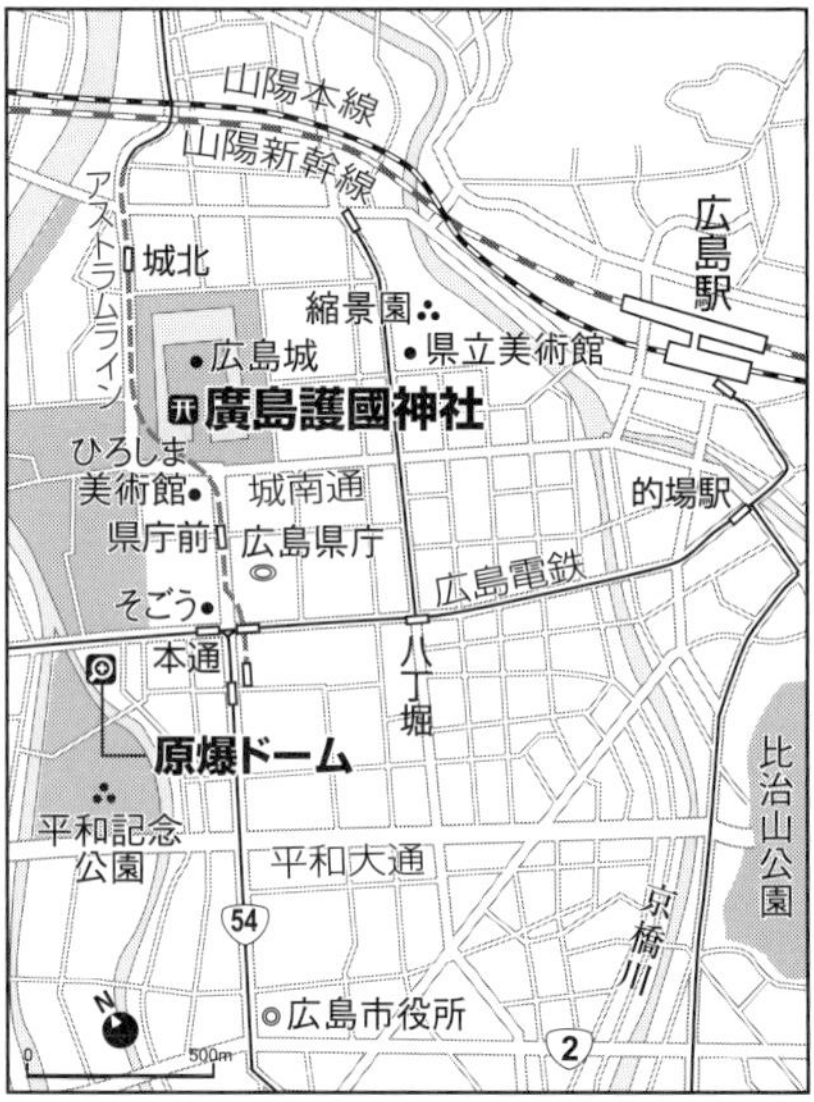

原爆ドーム｜護国神社より南へ約0.5キロ

◆広島県広島市中区大手町

原爆投下当時は広島県産業奨励館。広島市は昭和20年8月6日米国による原爆投下により、非戦闘員である一般市民も含め約16万人が犠牲となりました。戦後は川を挟んで南に広島平和記念公園が建設され、原爆ドームは「原爆」の惨禍を伝えるシンボルになっています。

安芸の宮島｜護国神社より南西へ約17キロ

◆広島県廿日市市宮島町

日本三景の一つ。古来より「神の島」と呼ばれ島そのものが信仰の対象とされてきました。満潮時に大鳥居と社殿が水上に浮かんだように見える嚴島神社は平清盛の造営。その他にも、島内には、五重塔や千畳閣、紅葉谷公園、野生の鹿など見どころが多数あります。

呉市海事歴史科学館（通称「大和ミュージアム」）｜護国神社より南へ約20キロ

◆広島県呉市宝町

戦艦大和は呉海軍工廠で起工し、昭和16年に就役。同館には実物の10分の1サイズの巨大な模型があり、その他零戦、回天などの実物資料などが多数展示されています。隣には海上自衛隊呉史料館「てつのくじら館」があり退役潜水艦「あきしお」が屋外に展示されています。

松江護國神社

神社前。ここから松江城天守までは徒歩約5分の近さ。

国重文「松江城」近くに鎮座

◆松江護國神社は、松江城山《じょうざん》公園の北隣にあります。宍道湖にも近く、公園を取り囲む堀は、宍道湖にそそぐ大橋川の水を取り込んでいます。島根県は東西に長細い県で、旧国名は、東部が出雲《いずも》（松江藩）、西部が石見《いわみ》（浜田、津和野藩）となります。そして郷土の陸軍部隊として、出雲《いずも》は松江市に歩兵第六三連隊、石見《いわみ》は浜田市に歩兵第二一連隊が置かれました。現在もそれぞれの市に護国神社があります。

◆出雲、隠岐出身戦歿者の慰霊顕彰の祭祀を行うために昭和十三年十月、現在地に「松江招魂社」として、建立されたのが神社の創建となりました。

◆境内の見どころ

①社殿を西側横から見た写真で左に本殿と右に拝殿が並んでいます。銅版葺き屋根の上の千木《ちぎ》、鰹木《かつおぎ》が金色

住所　島根県松江市殿町一番地十五
電話　0852（21）2454

①社殿の千木、鰹木。写真は社殿横、右が正面。

②燈籠

③大勝利守

④母の像

に輝き、社殿全体を華やかな雰囲気にしています。

②明治二一年、西南戦争十年後、招魂祭が行われたときに建立された燈籠です。松江城天守近くにあったものが昭和三四年に同神社に移設されました。明治時代の祭祀の様子が伺える貴重な歴史的遺産です。

③同神社は「皇軍大勝利祈願」に因んで、個人や企業、各種団体の必勝・開運を祈願する「大勝利祈願祭」を行っており申込者には「大勝利守」が授与されます。

④境内に力強くそして優しい表情の母の像があります。

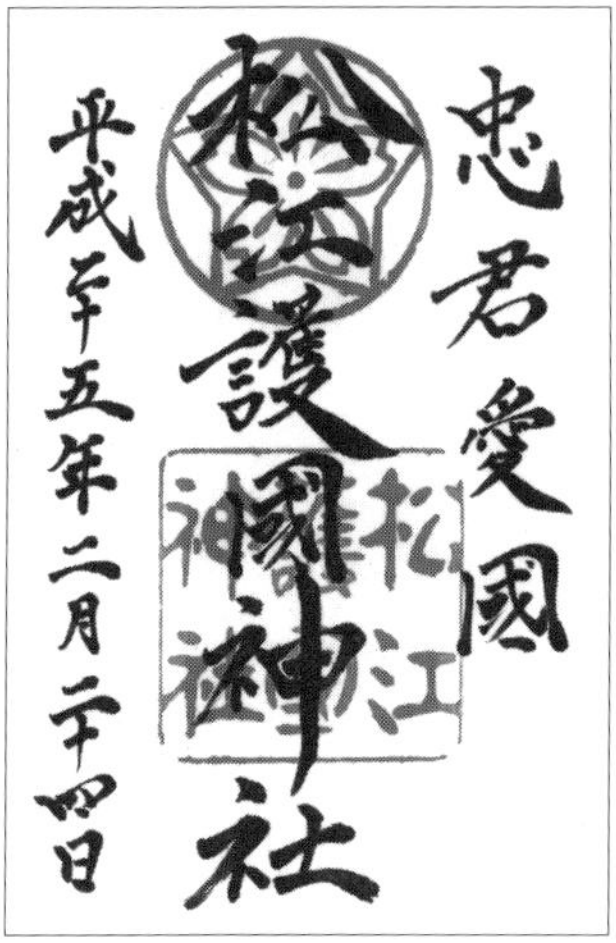

「忠君愛國」と「松江護國神社」と「参拝日」が書かれ、神紋印と社号印が押される。「忠君愛國」の部分は変更がある。

切妻屋根の豪華な装飾が印象的な社殿。左右対称形でないのは左横に神饌所があるため。

御祭神	創建年	主な祭典	受付時間	交通
島根県の東部（出雲、隠岐）出身またはゆかりの、国家のために一命を捧げられた神霊二二九二〇柱	昭和十三年	例大祭 十月二三日	午前九時～午後五時	バス「塩見縄手」下車 徒歩約十分

松江城 | 護国神社の南隣

◆島根県松江市殿町

山陰地方唯一の現存する天守で、国の重要文化財に指定されています。松江藩の初代藩主堀尾吉晴が慶長15（1610）年に築城。黒塗り下見板張りの外観は荘重な美しさが漂っています。城跡は近年、古写真や発掘調査を基に3基の二の丸櫓が再建され、一部景観が復元整備されています。

宍道湖《しんじこ》 | 護国神社より西へ約1キロ

◆島根県松江市

淡水と海水の入り交じる汽水湖。スズキ、シラウオ、ヤマトシジミなど宍道湖七珍に代表される魚介類の宝庫です。写真は湖の北側の「松江フォーゲルパーク」くにびき展望台より撮影したもの。美しい夕日は湖の東側の松江市中心部に近い「宍道湖夕日スポットとるぱ」がおすすめ。

出雲大社 | 護国神社より西へ約34キロ

◆島根県出雲市大社町杵築東

縁結びの神様として知られる※大国主大神をお祀りする古社。本殿は、国宝に指定されており60年毎に屋根の葺き替え（遷宮）が行われます。銅造鳥居、楼門など多くの建造物が国の重要文化財に指定されています。境内には宝物殿があり文化財などが展示されています。

解説 大国主大神：因幡の白兎を助けて八上比売と結婚したため、恋敵の兄たちに殺されるが母神の助けで生き返り葦原中国の主となり、少彦名命と国造りを行ない天津神に国譲りした。

濱田護國神社

住所　島根県浜田市殿町一二三
電話　0855（22）0674

神社前と参道階段。神社は、標高６７ｍの丘陵上に築かれた浜田城の本丸跡に鎮座。

「浜田藩追懐の碑」のある護国神社

◆濱田護國神社は、石見国《いわみ》の浜田藩の居城であった浜田城※本丸跡にあります。浜田城は現在は石垣の一部が残るのみとなっています。

◆島根県石見地区では、陸軍歩兵第二一連隊が広島より浜田へ移転されてから、明治維新以後の戦歿者の慰霊顕彰の招魂祭は、連隊内に臨時の祭壇を設けて行われていました。しかし、招魂社の建立の要望の声が挙がり、昭和十三年「官祭濱田招魂社」として現在地に社殿が竣工し、これが神社の創建となりました。平成二年に拝殿左右に翌殿を造営し、現在の姿となりました。

◆境内の見どころ

①日清戦争の戦場で敵弾を受けても、進軍ラッパを離さなかったという逸話で有名な木口小平《きぐちこへい》は陸軍歩兵第二一連隊の兵士でした。銅像は戦時中までは連隊内に

解説　※浜田城：最後の城主の松平武聰は、第二次長州征伐で大村益次郎率いる長州軍に敗れ退城し城は歴史を終えた。

①木口小平の銅像

②神輿庫

③浜田藩追懐（ついかい）の碑

④浜田県庁の門

ありましたが、戦後同神社に移設されました。

②同神社の例大祭では以前は、浜田市街への神輿《みこし》の練り歩きがありました。神輿、神輿庫のある護国神社は珍しい。神輿庫内部は非公開になっています。

③浜田城の登城口付近に平成元年に建立されました。石碑には、作家司馬遼太郎の石見人の誇り高い気質について書かれた文章が刻まれています。

④同神社の本殿の後ろにある門は、「津和野藩庁（後に浜田県庁）の門」が移築されたものです。

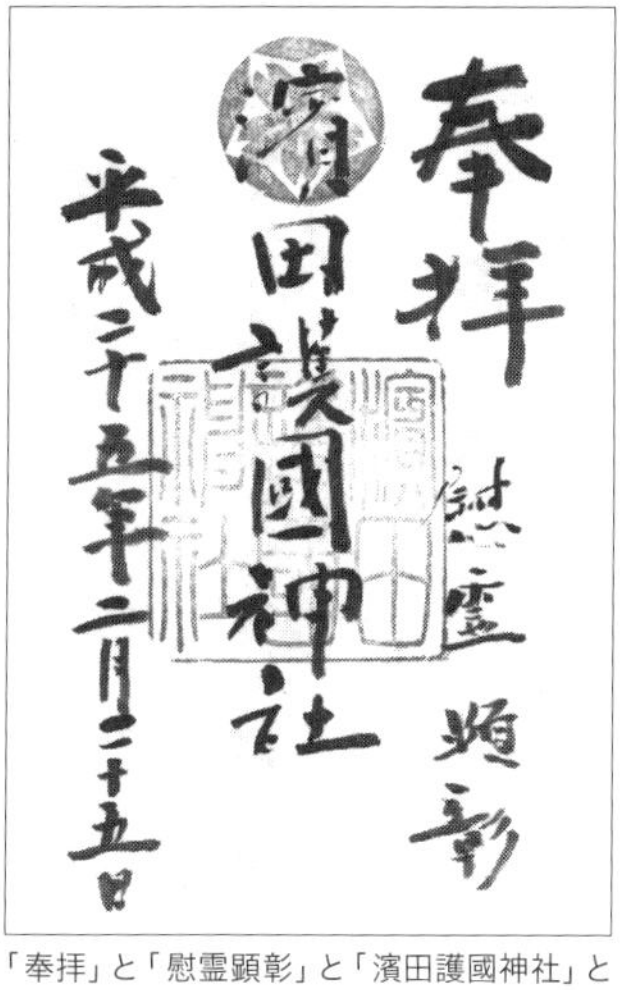

「奉拝」と「慰霊顕彰」と「濱田護國神社」と「参拝日」が書かれ、神紋印と社号印が押される。

簡素な拝殿の前には、別棟の翼殿が左右にをそれぞれ配置される。

御祭神	島根県西部（石見）出身またはゆかりの、国家のために一命を捧げられた神霊二二九九九柱
創建年	昭和十三年
主な祭典	例祭 四月十一日、十二日、 献灯みたままつり 八月十三日～十六日
受付時間	午前八時～午後四時
交通	JR「浜田」駅下車 徒歩二五分 バス「殿町」下車 徒歩約十分

道の駅「ゆうひパーク浜田」｜護国神社より南へ約1.5キロ

◆島根県浜田市原井町

浜田市内にある道の駅。浜田港の観光スポット「マリン大橋」を中心に港町浜田の美しい風景（写真）が一望できます。日本海に沈む夕日も楽しめます。周辺には浜田港で水揚げされた新鮮な魚介類が賞味できる食堂、売店もある「しまねお魚センター」があります。

石見海浜公園｜護国神社より北東へ約10キロ

◆島根県浜田市波子町

浜田市と江津市にまたがる全長5.5キロの海岸線にあり、海水浴場、キャンプ場などを中心にした県立公園です。周辺は、水族館「しまね海洋館アクアス」や「石見国分寺跡」、様々な奇岩で有名な「石見畳ヶ浦」など、見どころ多数。写真は「石見大崎鼻灯台」です。

石見銀山遺跡｜護国神社より北東へ約40キロ)

◆島根県大田市大森町

大正12年までの約400年にわたって採掘が行われた日本最大級の銀鉱山跡です。平成19年世界文化遺産に指定。銀山採掘のために掘られた間歩と呼ばれる坑道も一部見学可能です。写真は今も残る鉱山町の古い町並み。幕府直轄地時代の代官所も修理復元されています。

山口縣護國神社

住所　山口県山口市平野二丁目二番一号
電話　083（922）2027

神社前は国道9号線を挟んで陸上自衛隊山口駐屯地訓練場がある。

倒幕をリードした雄藩の護国神社

◆山口縣護國神社は、明治新政府の誕生に大きく貢献した長州藩の藩庁の地、山口市に鎮座します。長州藩では幕末から明治維新にかけ様々な戦いで多くの将兵が戦死しました。慶応元年藩の命令により創建された※桜山招魂社をはじめとして、明治元年までに県内各地に十六の招魂社が創建されました。現在も県内には二二社の招魂社があり、日々祭祀が続けられています。

◆これらの各地域の招魂社とは別に、現在地の南にあった陸軍桜畠《さくらばたけ》練兵場（現陸上自衛隊山口駐屯地）では、明治三六年以来毎年山口県出身の全戦歿者の招魂祭が行われていましたが、社殿などの建立はなく県全域を崇敬区域とする招魂社は創建されませんでした。昭和十四年山口県を代表する護国神社の建設が決定され、昭和十六年八月現在地に社殿が竣工し創建となりました。

解説　桜山招魂社：現在の桜山神社。山口県下関市。高杉晋作の発議により創建。

①権殿

②「忠魂碑」の文字が消された石碑

③戦争裁判殉国烈士の碑

④陸軍墓地（山崎陸軍埋葬地）

◆境内の見どころ（④は境内の外）

①招魂斎庭《しょうこんさいてい》が設けられている護国神社はありますが、※権殿《ごんでん》として小祠が建立されている護国神社は珍しい。

②大東亜戦争後占領軍から護国神社へ様々な制限が加えられ慰霊碑の碑文を塗りつぶすこともなされました。

③大東亜戦争後の連合国による不当な軍事裁判で刑死された本県出身三三柱御祭神の慰霊碑です。

④同神社から東へ約二百mほどの小高い山の上にある日露戦争の陸軍将兵戦歿者墓地です。

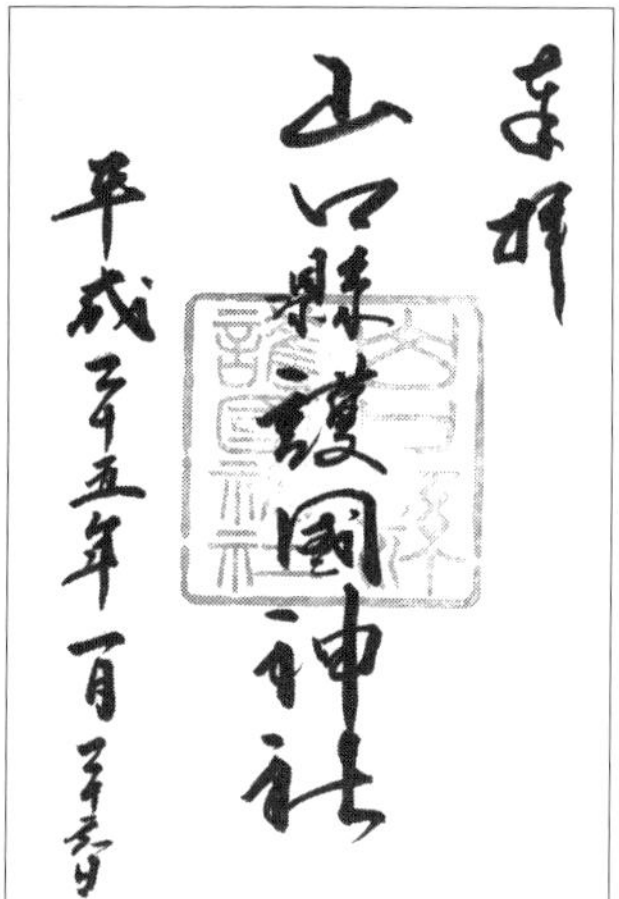

「奉拝」と「山口縣護國神社」と「参拝日」が書かれ、社号印が押される。

解説 権殿：神霊を本殿に合祀する際に一時奉安する仮の神殿。

拝殿の左右に翼殿を配置する典型的な護国神社様式の社殿。碁盤の目状の格子戸が美しい。

御祭神	山口県出身またはゆかりの、国家のために一命を捧げられた神霊五二二二八柱
創建年	昭和十六年
主な祭典	春季慰霊大祭 四月二九日、献灯みたま祭 八月八日、秋季慰霊大祭 十一月三日
受付時間	午前八時三十分～午後五時
交通	JR「宮野」駅下車 徒歩約十分

瑠璃光寺　護国神社より西へ約1.6キロ

◆山口県山口市香山町

大内氏全盛期を伝える古寺。国宝五重塔は日本三名塔の一つです。大内氏が室町幕府に反乱を起こした※応永の乱で敗死した大内義弘の菩提を弔うため、弟の盛見が嘉吉2（1442）年に建立しました。通年夜11時まで夜間ライトアップされています。

中原中也記念館　護国神社より南西へ約５キロ

◆山口県山口市湯田温泉

昭和初期の詩人、歌人中原中也の生家、中原医院跡に平成6年に建設されました。館内には、自筆の草稿や日記、愛用の品々などをはじめ、第一詩集「山羊（やぎ）の歌」の初版本など貴重な資料が展示されています。同館は湯田（ゆだ）温泉の旅館街の中にあります。

鋳銭司《すぜんじ》郷土館　護国神社より南へ約 13 キロ

◆山口県山口市鋳銭司

鋳銭司は古代に貨幣を鋳造する役所のことで、鋳銭司はその跡地で地名にもなっています。また明治維新の先覚者大村益次郎の出身地でもあります。郷土館内には史跡「周防鋳銭司跡」から出土した遺物や、益次郎の遺品と遺墨が展示されています。付近には益次郎の墓所があります。

解説　応永の乱：応永6（1399）年、長門、周防、豊前、石見、和泉、紀伊の守護大名であった大内義弘が室町幕府に対して起こした反乱。和泉堺で敗死。

徳島縣護國神社

住所　徳島県徳島市雑賀町東開二一ー一
電話　088（669）3090

神社前。拝殿、鳥居、狛犬、手水舎、燈籠は前社地から移設された歴史あるもの。

平成十五年鎮座の新しい護国神社

◆徳島縣護國神社は、徳島市街地から南へ二キロほどのところ、紀伊水道に注ぐ勝浦川河口付近にあります。

◆明治十二年徳島市の眉山《びざん》公園に、戊辰《ぼしん》戦争以後国難に殉じられた戦歿者を慰霊顕彰するため招魂碑を建立したのが神社の起源です。明治三九年に徳島城跡に移転され、昭和十三年には新たな社殿を建立し神社の創建となりました。しかし昭和二十年七月の徳島大空襲ですべての建造物を焼失。昭和三三年、同所において社殿が再建されましたが、その徳島城跡の土地は徳島市からの借地で境内整備が思うようにできず、平成になり再度移転の話が持ち上がります。そんな中、現社地にお住まいだった徳島市の篤志家《とくしか》から土地の寄進を受け、多くの県民からも奉賛を受け、社殿、社務所などを造営し平成十五年に現在の姿になりました。

①本殿

②拝殿の内部

③陸軍歩兵第４３連隊戦歿者慰霊碑

④大國（おおくに）神社

◆境内の見どころ

①前社地の本殿は鉄筋コンクリート造であったため、平成十五年移転時に、総桧造で建立されました。

②前社地から移築された木造の拝殿の中はとても広く約一〇〇名の方が参列できるようになっています。

③神社には多くの戦歿者慰霊碑があります。

④境内社。境内地を寄進された篤志家の方が出雲大社から御神像をいただかれて昭和五六年に創建。「おおくにさん」と地元の方々から親しまれています。

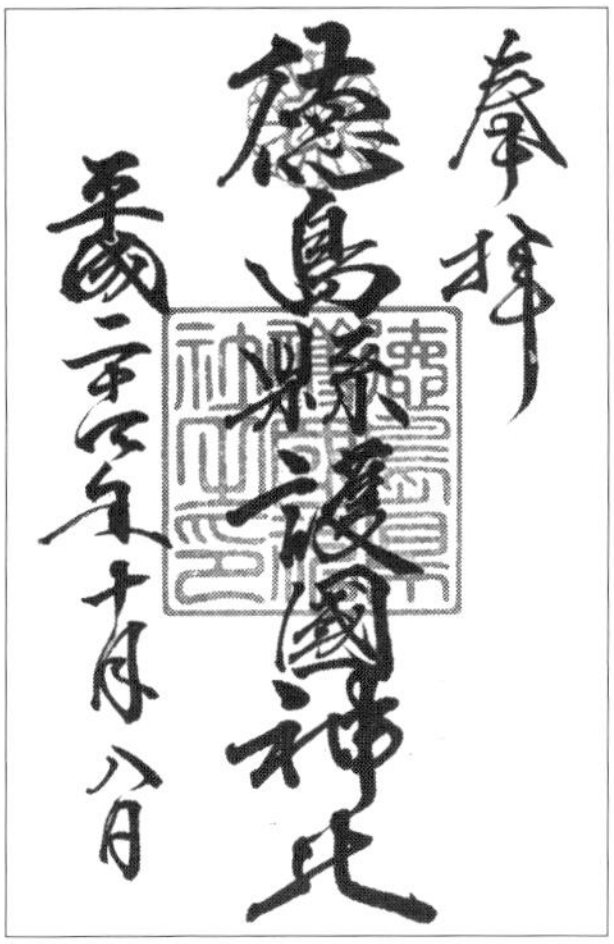

「奉拝」と「徳島縣護國神社」と「参拝日」が書かれ、神紋印と社号印が押される。

拝殿は入母屋の豪壮な屋根を持ち、周囲は石の廻廊に木製の欄干が配置される珍しい様式。

御祭神	徳島県出身またはゆかりの、国家のために一命を捧げられた神霊三四三六七柱
創建年	昭和十三年（現在地への遷座 平成十五年）
主な祭典	例大祭 十一月二日、みたま祭 八月初旬
受付時間	午前九時～午後五時
交通	JR「二軒屋」駅下車 徒歩約三十分

眉山《びざん》 | 護国神社より北へ約3.5キロ

◆徳島県徳島市眉山町

徳島市のシンボル的な山。山頂からは徳島市内を一望でき、淡路島や和歌山県の紀伊山地も望むことができます。山頂一帯は眉山公園になっており、自動車で行くこともできます。山頂への交通機関にはロープウェイもあります。写真は大東亜戦争戦歿者慰霊のミャンマー式仏塔です。

阿波おどり会館 | 護国神社より北へ約 4 キロ

◆徳島県徳島市新町橋

阿波おどりは、毎年8月に県内各地で開催される徳島を代表するお祭です。その中でも8月12日から15日に開催される「徳島市阿波おどり」は、最大規模。この阿波おどり会館では、実演が四季を通じて行われ、平日1日3回、土日祝日は4回公演があります。

徳島中央公園 | 護国神社より北へ約 4 キロ

◆徳島県徳島市城内

徳島城跡にある公園。徳島城は明治維新まで※徳島藩主の蜂須賀家の居城でした。現在は、石垣と庭園の「旧徳島城表御殿庭園」が残るのみ。庭園は、阿波特産の石を大胆に用いたもので、特に全長約10mの大石橋は必見。写真は平成元年に復元された鷲の門です。

解説 徳島藩：現在の徳島県と淡路島を領有した藩。淡路は城番の稲田家が支配していた。

讃岐宮（香川縣護國神社）

住所 香川県善通寺市文京町四−五−五
電話 0877（62）0048

神社前から大鳥居と注連縄柱と社殿を望む。社殿上に見える山は香色（こうしき）山。

空海生誕の地「善通寺」門前町に鎮座

◆讃岐宮《さぬきぐう》は、「香川縣護國神社」と「乃木神社」、乃木神社の境内社「日本一社交通神社」と「先賢堂《せんけんどう》」の四つのお社《やしろ》の総称で、宗教法人としての正式な神社名は「讃岐宮」になります。鎮座地である善通寺市は、明治時代四国全体を徴兵区とする陸軍第十一師団が置かれ四国一の軍都として発展しました。

◆明治十年、丸亀市にあった陸軍歩兵第十二連隊内に「丸亀招魂社」を建立し香川県出身の明治維新以来の戦歿者の慰霊顕彰を行ったのが神社の創建です。明治三一年に善通寺市に新たに編成され陸軍第十一師団の偕行社《かいこうしゃ》※内で戦歿者の神霊《みたま》を祀ることとなり、その後昭和十四年には現在地に社殿を建立し遷座し、現在の姿となりました。

◆境内の見どころ

解説 偕行社：陸軍士官の親睦団体。

①史料館

②乃木神社

③工兵隊碑

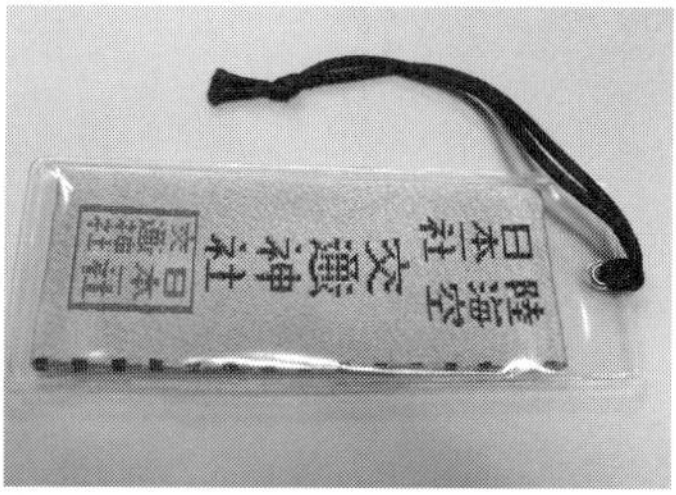

④日本一社交通神社のお守り

①戦歿者の遺品、遺書、また近隣から出土された考古学的な資料も展示されています。
②乃木神社は香川縣護國神社の北隣にあり、陸軍第十一師団の初代師団長であった乃木希典《のぎまれすけ》と静子夫人を御祭神としてお祀りしています。
③乃木神社の境内にある陸軍第十一師団の工兵第十一連隊の記念碑です。記念碑の周りに煉瓦造の連隊の正門が移築され保存されていいます
④陸海空交通安全の守護神のお守りです。

「奉拝」と「讃岐宮」と「参拝日」が書かれ、讃岐宮の社号印と香川縣護國神社の社号印が押される。

拝殿の左右に翼殿を配置する典型的な護国神社様式の社殿。拝殿の前の妻入りの向拝が特徴。

御祭神	香川県出身またはゆかりの、国家のために一命を捧げられた神霊三五七〇〇余柱
創建年	明治十年（現在地への遷座 昭和十四年）
主な祭典	例祭 五月五日、秋季大祭 十一月五日
受付時間	午前九時～午後四時
交通	JR「善通寺」駅下車 徒歩 約十五分

神社周辺の見どころ

善通寺　護国神社より西へ約0.4キロ

◆香川県善通寺市善通寺町

真言宗善通寺派の総本山。四国霊場八十八カ所の第七十五番札所。※空海は宝亀5（774）年佐伯直田公の子として、ここ善通寺の地に御誕生になりました。幼名は「真魚」。境内の西院は誕生院とも呼ばれ、奥殿は空海（お大師様）の御誕生の場所とされています。

金刀比羅宮　護国神社より南へ約 5 キロ

◆香川県仲多度郡琴平町

御祭神は大物主神（大国主命）。航海安全の神様で拝殿横の絵馬殿には多くの船の絵が奉納されています。象頭（ぞうず）山の中腹にあり、奥社の標高421m。途中までお土産屋さんが軒を並べる参道の1368段の長い階段（写真）は有名です。参道の琴平町には琴平温泉旅館街があります。

丸亀城　護国神社より北へ約 7 キロ

◆香川県丸亀市一番丁

丸亀城は明治維新まで香川県の西部の丸亀藩主の居城でした。天守は全国の現存12天守の中では最も小規模になります。三重三階の層塔型の天守は、外観の漆喰の白壁と下見板張りが格式を高めています。城山全体の石垣は保存状態が良く、高さもあり見ごたえがあります。

解説　空海：774年～835年、平安時代初期の僧。真言宗の開祖。諡（おくりな）は弘法大師。804年に唐に渡り806年密教の書物などを携えて帰国。後に高野山を開いた。

愛媛縣護國神社

神社前。大鳥居の向こうに見える山は御幸寺山で、境内はこの山の麓に広がる。

住所　愛媛県松山市御幸一丁目四七六
電話　089（925）2353

万葉の花々が咲く万葉苑の護国神社

◆愛媛縣護國神社は、小高い山を背にした松山市市街地の北端にあります。現在同神社の南にある愛媛大学や赤十字病院は、終戦まで陸軍歩兵第二二連隊の練兵場があったところです。

◆明治三二年、堀辯一郎※をはじめとする県内有志一八八名の発起人により松山城の北東に「私祭招魂社」が建立されたのが神社の創建です。大正二年に松山市の多賀神社の境内に移転し、さらに昭和十四年現在地に場所を移し社殿を建造し遷座しました。しかし昭和二十年七月戦災によりすべての建物を焼失しました。終戦後、昭和二六年から復興に着手し、昭和三十年十月に社殿群が完成し現在の姿となりました。

◆境内の見どころ

①四面に壁のない開放的な拝殿、東西両側にそれぞれ

解説　堀辯一郎：愛媛縣護國神社創建時の松山市の多賀神社（松山市新立町）宮司。

①拝殿

②愛媛万葉苑

③殉職女子学徒追憶之碑

④高松宮宣仁親王殿下揮毫の「護國」の額

渡廊下を挟み参列殿をもつ豪華な社殿配置です。
②同神社境内の約四分の一の面積を占める植物園です。御祭神をお慰めしようと、県内外から万葉集に詠まれた植物が集められ昭和四三年に開園されました。
③同神社には多くの戦歿者慰霊碑があります。写真は昭和二十年の今治大空襲で戦死した愛媛県立松山城北高等女学校の勤労動員女子学生の慰霊碑です。
④昭和二八年高松宮宣仁《のぶひと》親王殿下が御参拝のときに書かれた「護國」の文字の額が拝殿に飾られています。

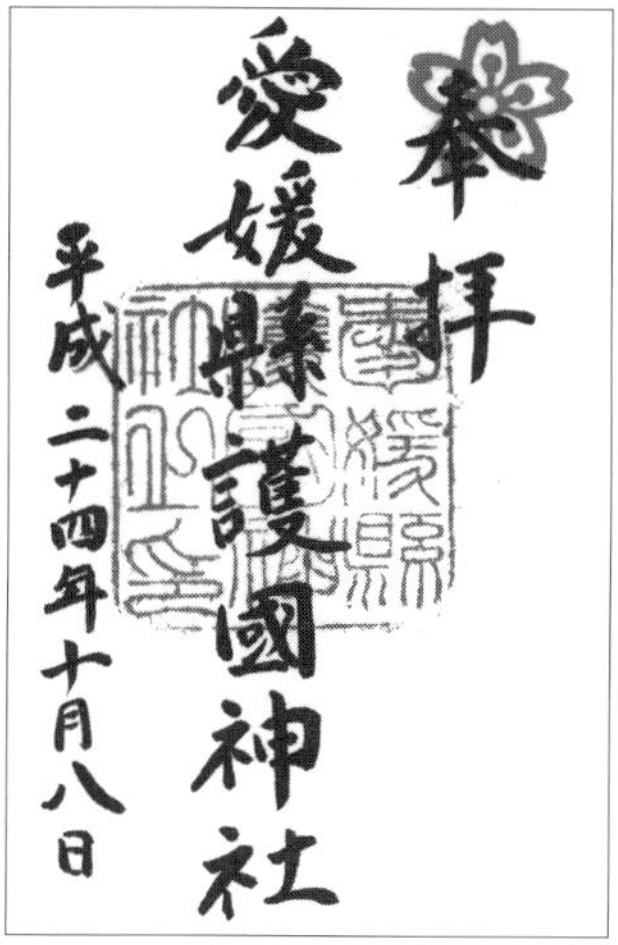

「奉拝」と「愛媛縣護國神社」と「参拝日」が書かれ、神紋印と社号印が押される。

御神門。拝殿はこの奥。本殿と拝殿間の幣殿、東西参列殿、神楽殿など壮麗な雰囲気が漂う。

御祭神	愛媛県出身またはゆかりの、国家のために一命を捧げられた神霊四九〇〇〇余柱
創建年	明治三二年（現在地への遷座 昭和十四年）
主な祭典	春季慰霊大祭 四月九日、十日、秋季慰霊大祭 十月九日、十日
受付時間	午前八時三十分～午後四時三十分
交通	伊予鉄城北線「赤十字病院前」下車 徒歩約五分

道後温泉本館 | 護国神社より東へ約 1.2 キロ

◆愛媛県松山市道後湯之町

道後温泉のシンボル的温泉館です。明治27年に建てられた木造三階建の建物は、国の重要文化財に指定されています。館内には、昭和天皇が入浴に使用された「又新殿（ゆうしんでん）」、夏目漱石ゆかりの資料が展示された「坊ちゃんの間」などがあり見学が可能です。

坊ちゃん列車・道後温泉駅 | 護国神社より東へ約 1.2 キロ

◆愛媛県松山市

松山市内を走る伊予鉄道は、開業間もない頃は電車ではなく小さな蒸気機関車と客車が走っていました。夏目漱石が小説「坊ちゃん」の中でその列車を紹介し「坊ちゃん列車」と呼ばれるようになりました。現在復元されたディーゼル機関車が市内路面電車線で運転されています。

松山城 | 護国神社より南へ約 1.3 キロ

◆愛媛県松山市丸の内

現存12天守の一つで、勝山山頂にあります。大天守、小天守、南隅櫓、北隅櫓の4つの建物が四隅に配置され多門櫓や廊下などで結ばれた連立式の天守です。黒船来航の翌年落成した江戸時代最後の城郭建築で、建築物の多くは国の重要文化財に指定されています。

高知県護国神社

住所 高知県高知市吸江二ー三
電話 088（882）2760

神社前。参道入り口の大鳥居。国旗掲揚台と社号標の間には「海軍の塔」。

明治二年建立の本殿が厳かな護国神社

◆高知県護国神社は、高知市南部にあり、南北に細長い浦戸湾の東側の湾に面する五台山麓に鎮座します。

◆明治元年十一月、土佐藩第十六代藩主で最後の藩主山内豊範《とよのり》が、戊辰《ぼしん》戦争のために土佐藩が編成した部隊などで新政府軍に従軍し戦死した藩士一〇四人の招魂祭を藩校高知致道館《ちどうかん》（現在の高知県武道館の場所）で行ったのが神社の創建となりました。豊範《とよのり》は明治二年三月現在地に戦歿者の神霊《みたま》をお祀りする社殿を建立しました。明治四二年には、本殿の改修や、拝殿、社務所などの改築を行い現在の姿となりました。

◆境内の見どころ（①は境内の外）

①同神社は神社前にすぐ海がある珍しい護国神社です。鎮座地は浦戸湾に面し、大島岬の先端の法師ヶ鼻が船着き場になっていて、写真の森が神社です。

①大島岬の船着き場

②本殿

③御祭神、坂本龍馬が若い頃愛用した木刀

④開拓神社

②本殿は明治二年竣工のもので、護国神社（前身含む）の社殿としては大変歴史の古いものです。
③激しい練習の跡が残る龍馬の木刀は社宝として社務所で厳重に保管されています。明治十七年土佐勤王党の合祀祭のとき神社に奉納されたもの。見学は要連絡。
④境内社。御祭神は満州開拓民受難者の神霊約二〇〇〇柱。昭和十八年満蒙開拓団として、高知県からも多くの人々が大陸に移住しました。しかし、ソ連侵攻などにより犠牲者も多数にのぼりました。

「奉拝」と「志士英魂鎮護」と「高知県護国神社」と「参拝日」が書かれ、神紋印と社号印が押される。

拝殿の左右に翼舎を配置する典型的な護国神社様式の社殿。拝殿入口梁には十六弁菊花紋。

御祭神	高知県出身またはゆかりの、国家のために一命を捧げられた神霊四一七四四柱
創建年	明治元年（現在の地への遷座 明治二年）
主な祭典	春季例大祭 四月二日、夏祭 八月一五日、秋季例大祭 十一月二日
受付時間	午前九時～午後五時
交通	バス「護国神社前」下車 徒歩約二分

高知県立五台山公園 | 護国神社より北東へ約 0.5 キロ

◆高知県高知市五台山

標高146m五台山の山頂公園です。高知港と浦戸湾の複雑に入り組んだ海岸線、高知市街を取り囲む山々、市街地を流れる川の様子が、展望台に立つとまるで地図のようにわかります。山麓には四国霊場八十八カ所第三十一番札所の竹林寺や高知県立牧野植物園があります。

高知城 | 護國神社より北東へ約 4 キロ

◆高知県高知市丸の内

高知城は高知市街のほぼ中心に位置する大高坂山の山頂にあり、現存12天守の中で唯一天守だけでなく天守と連絡する※本丸御殿も現存する貴重な城郭遺構となっています。その他、詰門や東西の多聞櫓、黒鉄門も含め現存建造物はすべて国の重要文化財に指定されています。

桂浜 | 護国神社より南へ約 5.5 キロ

◆高知県高知市浦戸

浦戸湾の最も南に位置する外洋に面した海岸です。桂浜の龍頭岬には坂本龍馬像があり約13mの高さがあります。毎年龍馬の誕生日であり命日でもある11月15日を挟み， 約2カ月間は龍馬像の横に展望台が設置され龍馬と同じ目線で太平洋を眺めることができます。

解説 本丸御殿：城郭で最も重要な部分で城主の居住の場所。

福岡縣護国神社

住所 福岡県福岡市中央区六本松一丁目一番一号
電話 092（741）2555

社殿の航空写真。中央に本殿と拝殿、左右に翼廊を配する。写真は神社提供。

史跡「福岡城外練兵場跡」に鎮座

◆福岡縣護国神社は、福岡市中心部にありながら境内は十二万㎡と広大で美しい杜に囲まれています。この杜は創建時に県民の献木による手作りのもので、都会の喧騒からかけ離れた神聖な空間となっています。

◆明治元年十一月福岡藩※第十二代藩主黒田長知《くろだながとも》が戊辰《ぼしん》戦争に殉じた藩士一三二人の慰霊顕彰のため現在の福岡県庁附近に妙見《みょうけん》・馬出《まいだし》招魂社を建立したのが神社の起源です。後に福岡護国神社と社名を変更し、昭和十八年四月、県内の各護国神社五社の神霊《みたま》を合祀し現在地に鎮座。しかし昭和二十年六月の福岡大空襲により社殿が焼失。戦後仮殿で祭祀続けていましたが、昭和三八年五月社殿を再建し現在の姿となりました。

◆境内の見どころ

①桧造りで高さ十三m、柱の直径一・六m。原木のま

解説 福岡藩：筑前藩ともいう。初代藩主黒田長政は秀吉の軍師黒田官兵衛の嫡男。

①原木の大鳥居

②招魂社鳥居

③社殿前神苑

④掘出稲荷神社

まの鳥居としては日本屈指の大きさを誇ります。戦災でも焼失せず創建時の姿をとどめています。
②明治時代の招魂社鳥居が前庭に保存されています。
③社殿前は広々とした護国神社の前庭が広がります。
④境内社。大正時代、ある兵士の夢枕に「吾は※祐徳稲荷《ゆうとくいなり》の弟である。永き年月埋められたままである。今こそ吾を掘り出して祀れ。」と御神託が下り、御神体を掘り出すと福運が重なったことから福徳招運、商売繁盛の神として信仰されています。

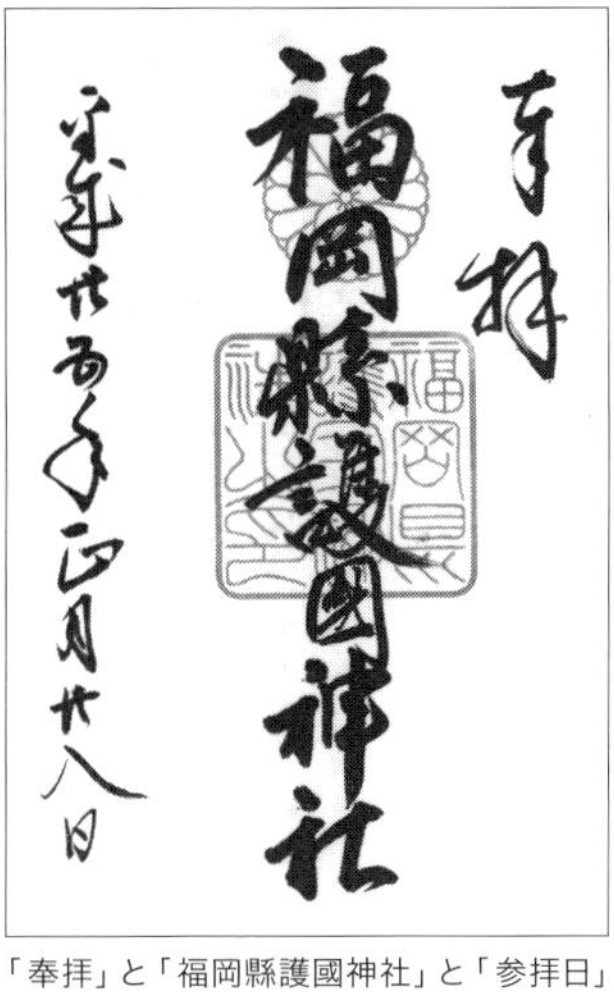

「奉拝」と「福岡縣護國神社」と「参拝日」が書かれ、神紋印と社号印が押される。

解説 祐徳稲荷：佐賀県鹿島市にある神社。伏見稲荷大社より勧請された。

広々とした神苑に、堂々と鳥が翼を広げたような美しい社殿がたたずむ。写真は神社提供。

御祭神	福岡県出身または縁故の国事殉難者の神霊一二九八二六柱
創建年	昭和十八年
主な祭典	春季大祭 五月三、四日、お盆みたままつり 八月十三〜十六日、秋季大祭 十月第二月曜日と前日
受付時間	午前九時〜午後五時
交通	バス「護国神社前」「NHK放送センター入口」下車 徒歩二分

神社周辺の見どころ

櫛田《くしだ》神社｜護国神社より東へ約3キロ

◆福岡県福岡市博多区上川端町

博多の氏神。全国的に有名なお祭、5月の「博多どんたく」と7月の「博多祇園山笠」は同神社の例祭です。境内には博多山笠の飾り山が常設されています（写真）。毎年福岡縣護国神社の春季慰霊大祭に「博多どんたく」の松囃子振興会の約700名の方々が慰霊表敬参拝をされます。

大宰府政庁跡｜護国神社より南東へ約 15 キロ

◆福岡県太宰府市観世音寺

九州全体を治める役所大宰府があった場所です。大宰府は7世紀後半の九州の筑前国に設置された地方行政機関。現在も大宰府政庁跡の中心にはその大きさをしのばせる礎石が残り、公園となっています。周辺には全国天満宮の総本社大宰府天満宮があります。

筑前町立大刀洗《たちあらい》平和記念館｜護国神社より南東へ約 28 キロ

◆福岡県朝倉郡筑前町高田

終戦まで大刀洗にあった陸軍大刀洗飛行場の跡地に建つ記念館。同飛行場は大正8年に完成し西日本における陸軍の航空拠点として「※大刀洗陸軍飛行学校」もおかれました。なお同館に展示されている97式戦闘機、零戦32型（写真）は世界で唯一の現存する実機です。

解説 大刀洗陸軍飛行学校：陸軍兵士の飛行機の基本操縦教育を主な目的として昭和15年開校。各地に陸軍飛行場（分校）を設置し、知覧飛行場も同校の分校の一つであった。

佐賀縣護國神社

住所 佐賀県佐賀市川原町八番十五号
電話 0952（23）3593

神社前。大鳥居の前には城下町佐賀市の中心を流れる多布施川の水路がある。

幕末の軍事大藩の護国神社

◆幕末、薩摩、長州両藩にも劣らない軍事大藩になっていた佐賀藩の軍備拡大へのきっかけになったのが文化五（一八〇八）年に長崎港で起こったフェートン号※事件でした。江戸幕府の直轄地長崎港の警備を命じられていた佐賀藩ではこの事件以降外国軍に負けない軍備をもつことが藩の大きな目標となっていきました。第十代藩主鍋島直正《なべしまなおまさ》は藩財政の立て直しや武力近代化に成功を収め、戊辰《ぼしん》戦争で同藩は新政府軍に加わり、その強力な武力は新政府軍の勝利に貢献しました。

◆直正《なおまさ》の子で最後の藩主鍋島直大《なべしまなおひろ》は戊辰戦争で将兵二八〇〇余名と新兵器アームストロング砲を派遣、同藩は上野戦争※での彰義隊※の壊滅にも貢献しました。明治三年、同戦争で亡くなった佐賀県出身の将兵の慰霊顕彰のため現在地で招魂祭が行われ、これが神社の創

解説 フェートン号事件：オランダのみに通商を許されていた長崎港に無断でイギリス軍艦が侵入した事件。長崎奉行はイギリス軍艦の強力な軍事力を背景にした高圧的な要求に屈した。

①戊申の役記念碑

②戦歿者顕彰碑

③寶物殿

④太鼓橋

建となりました。創建時の社殿は老朽化のため昭和十一年に改築され現在の姿となりました。

◆境内の見どころ

①戊辰戦争の鳥羽伏見、会津の戦いで戦死した同県出身の七六人の慰霊顕彰のため明治元年十一月に建立された石碑。創建当時の様子を物語る貴重な史料です。

②昭和三二年建立。自然石で造られた顕彰碑です。

③戦歿者の遺品、遺書などが保管展示されています。

④神社の前の多布施《たふせ》川にかかる石造りの太鼓橋です。

「奉拝」と「佐賀縣護國神社」と「参拝日」が書かれ、社号印と社務所角印が押される。

解説 上野戦争：戊辰戦争の際、江戸上野で起こった戦い。新政府側軍の指揮は大村益次郎。
彰義隊：戊辰戦争の際旧幕臣が結成した。上野寛永寺を屯所とした。勢力は約3000。

社殿の横は社庭になっており、拝殿の奥の美しい流造の本殿も自由に見学ができる。

御祭神	佐賀県出身またはゆかりの、国家のために一命を捧げられた神霊三三五六〇〇柱
創建年	明治三年
主な祭典	春季例大祭 四月十三日～十五日、みたま祭 八月十三日～十五日、平和祈願祭 八月十五日、秋季例大祭 十月十三日～十五日
受付時間	午前九時～午後五時
交通	JR「佐賀」駅下車 徒歩約二十分

神社周辺の見どころ

佐賀城跡 | 護国神社より南東へ約１キロ

◆佐賀県佐賀市城内

戦国時代に西九州を支配した龍造寺氏の衰退を受けて、その重臣の鍋島直茂が代わりに城主となり、慶長13（1608）年、城を拡張・整備したのが佐賀城のはじまりです。城跡に唯一残る江戸時代の建造物「鯱の門」（写真）は国の重要文化財に指定されています。

大隈重信記念館 | 護国神社より東へ約 1.5 キロ

◆佐賀県佐賀市水ケ江

政治家で早稲田大学創設者大隈重信の旧宅（生家）の隣にあり重信の遺品などを展示する記念館です。旧宅は茅葺きと瓦葺きの武家屋敷で通常内部は非公開になっています。佐賀城下ひなまつり、ゴールデンウィーク、佐賀バルーンフェスタの年3回一般公開されます。

吉野ケ里歴史公園 | 護国神社より北東へ約 12 キロ

◆佐賀県吉野ケ里町田手

弥生時代の※環壕集落の遺跡です。多数の竪穴住居跡、高床倉庫跡などが出土し、平成元年、集落の様子が魏志倭人伝に記述された邪馬台国に似ていると報道され一躍全国的に注目を集めました。城柵に囲まれ物見櫓、主祭殿、住居などの集落が多数復元され、公園となっています。

解説　環濠集落：周囲に濠をめぐらした防御的集落。弥生時代と中世期末にあった。

長崎縣護國神社

神社前。境内は「城山」と呼ばれる小高い山の上にあり神社前には大駐車場がある。

住所 長崎県長崎市城栄町四一番六七号
電話 095（844）3221

爆心地「平和公園」近くに鎮座

◆長崎縣護國神社の創建者は澤宣嘉《さわのぶよし》。文久三（一八六三）年、会津藩と薩摩藩は尊王攘夷派の長州藩を京都から追※放し、このとき同じ尊王攘夷派であった七人の公家も京都から追放しました。七人の公家の一人であった澤は、大政奉還後新政府の要職に着き、明治元年から二年にかけて長崎府（現在の長崎県）知事を務めました。

◆澤は長崎市中の警備隊で戊辰《ぼしん》戦争に従軍した振遠隊《しんえんたい》将兵の戦歿者の慰霊顕彰を行うため、明治二年長崎市梅ケ崎に「官祭梅ケ崎招魂社」を建立し、これが神社の創建となりました。その後明治七年の※台湾事件で戦死戦病死した将兵の慰霊顕彰のため長崎市佐古に「官祭佐古招魂社」を建立。昭和十七年には両社は境内を佐古に統一して合併し「長崎縣護國神社」と改称。昭和十九年に現在地に場所を移して社殿を建立し遷座し

解説 この長州藩の追放は、「八月十八日の政変」または「堺町御門の変」と呼ばれる。
台湾事件：明治政府が行った最初の海外出兵。琉球帰属問題が端となった。

①天皇皇后両陛下御親拝記念碑

②干支の絵馬

③くらいど丸戦歿者慰霊之碑

④参道入り口

ましたが、昭和二十年原爆投下で社殿をすべて焼失。昭和三八年に再建し現在の姿となりました。

◆境内の見どころ

①昭和四四年の天皇皇后両陛下御親拝記念碑。

②社殿の前には干支の大絵馬が飾られています。

③戦時徴用船くらいど丸は台湾に向う途中敵潜水艦の攻撃を受け約一〇〇〇人もの陸軍将兵が戦死しました。

④長崎市は平地が少なく、同神社も小高い山「城山」の上にあります。写真は参道入口。

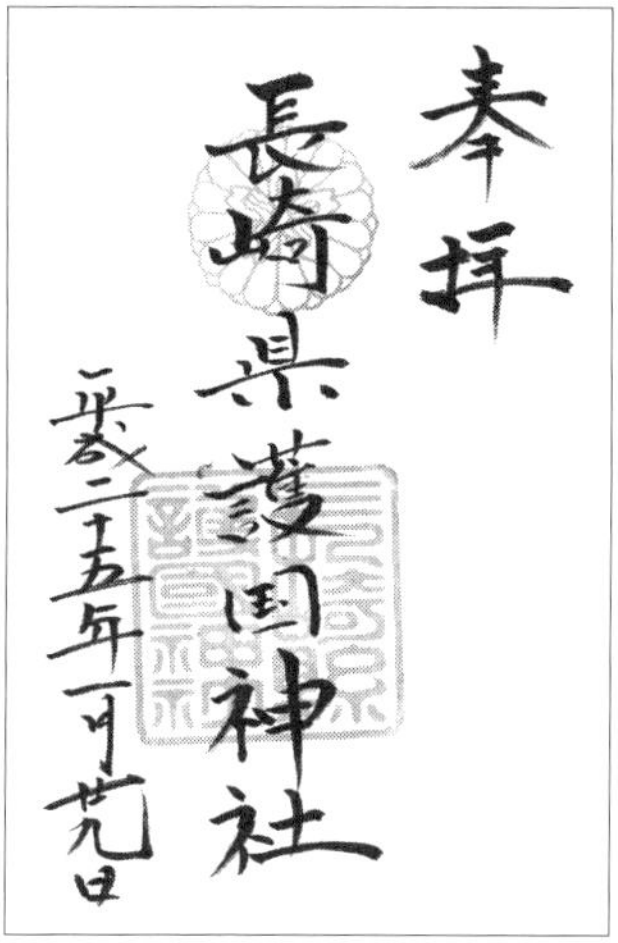

「奉拝」と「長崎県護国神社」と「参拝日」が書かれ、神紋印と社号印が押される。

拝殿の左側のみ翼廊を配置する社殿構成。白い外壁に緑青の銅板葺き屋根が美しい。

御祭神	長崎県出身またはゆかりの、国家のために一命を捧げられた神霊六〇八二一柱
創建年	明治二年（現在地への遷座 昭和十九年）
主な祭典	春季慰霊大祭 四月二二日、英霊追悼祭（夏まつり）八月十四日、十五日、秋季慰霊大祭 十月二六日
受付時間	午前八時三十分〜午後四時
交通	路面電車「大橋」下車 徒歩約二十分

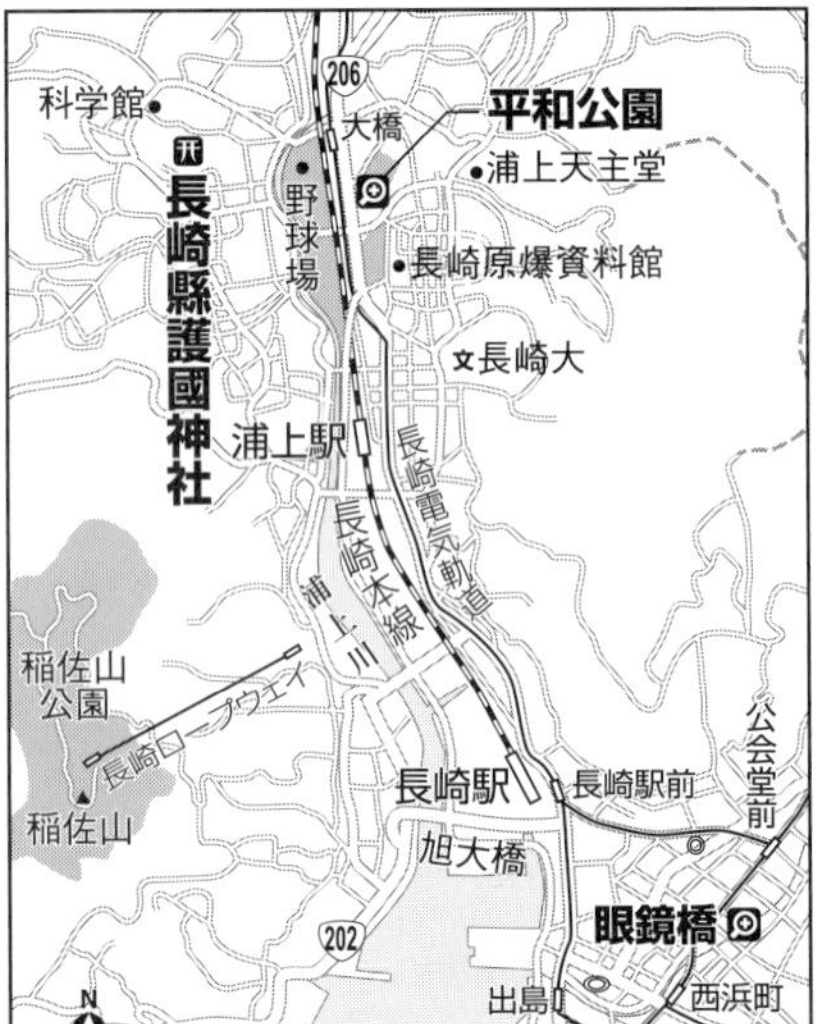

神社周辺の見どころ

平和公園 | 護国神社より東へ約 0.6 キロ

◆長崎県長崎市松山町

長崎市は昭和20年8月9日米国による原爆投下により、非戦闘員である一般市民も含め約14万9000人が犠牲になりました。平和公園は爆心地に近い長崎市街の北部にあり、投下時この地にあった浦上刑務所の壁が残されています。写真は公園北端にある平和祈念像。

眼鏡橋 | 護国神社より南東へ約 4 キロ

◆長崎県長崎市魚の町

長崎市の市街地の南部を流れる中島川には多くの石橋が架かっています。この橋はその中でも唯一の双円アーチ型で、水に映った姿が眼鏡のように見えるためこの名前がついています。寛永11（1634）年唐の黙子如定（もくすにょじょう）によって架橋。周辺は中島川公園になっています。

グラバー園 | 護国神社より南へ約 5 キロ

◆長崎県長崎市南山手町

※グラバー住宅などがあった敷地に長崎市内に残っていた歴史的建造物が移築された公園です。特にグラバー住宅は、文久3（1863）年建築の日本最古の木造洋風住宅で国の重要文化財に指定されています。園内からは長崎港、造船所の様子が一望できます。夜景もおすすめ。

解説 グラバー：トーマス・グラバー。イギリスの貿易商人。安政6（1859）年来日。長崎で武器取引を行った。長州、薩摩藩士の留学も援助した。

熊本縣護國神社

神社前。写真左の建物は「英霊顕彰館」、1階には戦歿者の遺品などの展示室がある。

加藤清正の築城「熊本城」近くに鎮座

◆熊本縣護國神社は、加藤清正が築いた大城郭「熊本城」の城域内にあります。終戦まで熊本城には陸軍第六師団の司令部が置かれていました。

◆明治二年、熊本藩第十二代藩主細川韶邦《ほそかわよしくに》と第十二代藩主で最後の藩主細川護久《ほそかわもりひさ》が、明治維新前後の国難に殉じた藩士一五〇人の神霊《みたま》を祀るために熊本市内※花《はな》岡山《おかやま》に「招魂社」を建立したのが同神社の創建です。花岡山は手狭なため熊本市立田山《たった》に約三万㎡の土地を確保し、昭和十九年新しい護国神社の社殿の建築が始まりました。しかし戦況緊迫のため造営は進まず、建築資材もほとんど未使用のまま終戦を迎え、造営も中止となりました。終戦後立田山より現在地に造営地を変更し昭和三二年に社殿が竣工、現在の姿となりました。

◆境内の見どころ

住所　熊本県熊本市中央区宮内三番一号
電話　096（352）6353

解説　花岡山：熊本市中央区春日4丁目、現在山頂付近一部は同神社飛地境内になっている。

①神社前

②台湾軍慰霊碑

③花岡山にある「官祭招魂社」の鳥居の社号額

④花岡山の官祭招魂社の本殿。写真は神社提供。

①神社は、熊本城の二の丸広場と三の丸広場に囲まれた緑豊かな公園の中にあります。大鳥居前にも梅林や野鳥園などがあります。

②陸軍台湾軍部隊の戦歿者慰霊碑です。台湾軍には熊本県をはじめ九州地区から多くの将兵が従軍しました。日清戦争終結後台湾は日本領となっていました。

③④招魂社の建造物が護国神社境内（飛地含む）に当時の様子を残し現存するのは珍しい例です。本殿（写真）は囲いに覆われています。

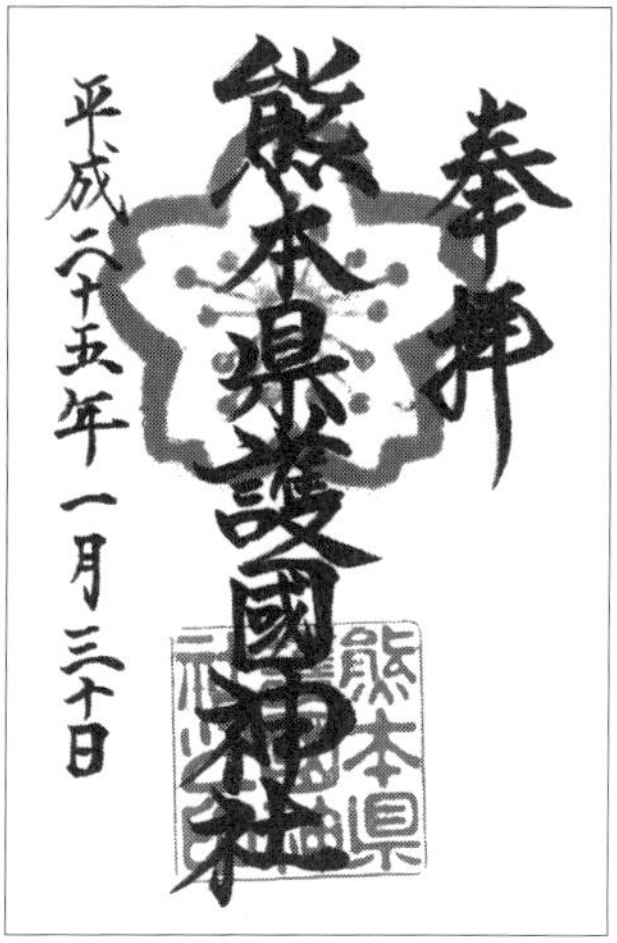

「奉拝」と「熊本県護國神社」と「参拝日」が書かれ、神紋印、社号印が押される。

簡素な銅葺き屋根が印象的な拝殿。拝殿の左右にある翼殿は拝殿と並列配置されている。

御祭神	熊本県出身またはゆかりの、国家のために一命を捧げられた神霊六五〇〇〇余柱
創建年	明治二年（現在地への遷座 昭和三二年）
主な祭典	春季慰霊大祭 四月一日、英霊追悼祭（夏まつり）八月十四日、十五日、秋季慰霊大祭 十月十日
受付時間	午前八時〜午後五時
交通	路面電車「蔚山町」下車 徒歩約十分

神社周辺の見どころ

旧細川刑部《ほそかわぎょうぶ》邸 | 護国神社より北へ約0.2キロ

◆熊本県熊本市中央区古京町

江戸時代の位の高い武家の屋敷で、熊本市内にあったものを現在の場所に移築復元されたものです。建坪は約300坪。欅の大火鉢など家具も残り当時の武家の暮らしが偲ばれる場所です。肥後熊本藩初代藩主細川忠利の弟、刑部少輔興孝が興した細川刑部家の別邸。

熊本城 | 護国神社より東へ約 0.6 キロ

◆熊本県熊本市中央区本丸

※加藤清正が慶長6（1601）年から7年の歳月をかけて築城。明治10年の西南戦争で大天守など多くの建造物は焼失しましたが、国の重要文化財である宇土櫓をはじめ各櫓や石垣などが現存しています。現在の三重六階地下一階の大天守は昭和35年に外観復元されたものです。

水前寺成趣《じょうじゅ》園 通称「水前寺公園」 | 護国神社より南東へ約 3 キロ

◆熊本県熊本市中央区水前寺公園

肥後熊本藩初代細川忠利が鷹狩のとき、渾々と清水が湧くこの地を気にいり御茶屋を建てたのが始まり。東海道五十三次を模した回遊式庭園の中の水前寺富士が庭園のシンボル。京都御所から移築された県の重要文化財「古今伝授の間」では抹茶やお菓子がいただけます。

解説 加藤清正：戦国時代の武将。幼少期から豊臣秀吉に仕えた。築城、治水、干拓の名手であった。

大分縣護國神社

松栄山の麓の神社前。こちらから社殿前庭まで約400mの森の参道。別に車道有。

住所　大分県大分市牧松栄山
電話　097（558）3096

日本一の大はま矢と大熊手の護国神社

◆大分縣護國神社は、大分市内を見下ろす小高い山松栄山《しょうえいざん》にあります。境内の面積は約十六万㎡と広く、北端には展望台があり、目前に大分市の臨海工業地帯、天候が良ければ遠くは別府湾越しに国東《くにさき》半島、由布岳《ゆふだけ》などの大分県の山々が、右手には豊後《ぶんご》水道を挟んで愛媛県の佐田岬《さだみさき》まで望むことができます。

◆明治八年、大分県初代県令森下景端《もりしたかげなお》が明治維新前後の国難に殉じた戦歿者の慰霊顕彰のため現在地に「招魂社」を建立したのが神社の創建です。招魂社の社殿は、境内の展望台横の現在は招魂斎庭のある場所に建立されました。昭和十八年には境内で場所を移し、現在の社殿を新たに建立し遷座しました。

◆境内の見どころ

①神社創建時の招魂社の社殿跡で、合祀祭が行われます。

①招魂斎庭

②言霊記念館

③西南戦争戦歿者墓地

④高さ12mの日本一の巨大熊手と願いごと叶い矢

②戦歿者が残された遺書や手紙が掲示されています。

③同神社には、西南戦争のため全国各地から召集され、大分県内の戦場で亡くなった二一四人の軍人の墓地があります。その隣には※豊後梅《ぶんごうめ》の梅林があり、果実は同神社が梅干しに加工し参拝者に頒《わか》ちます。

④写真は巨大熊手と願いごと叶い矢。十八・八mの高さを誇る巨大「はま矢」も日本一です。社殿の前の社庭に設置されています。色鮮やかで美しく縁起物でもあり多数参拝者が見学に訪れます。設置は年末から三月末。

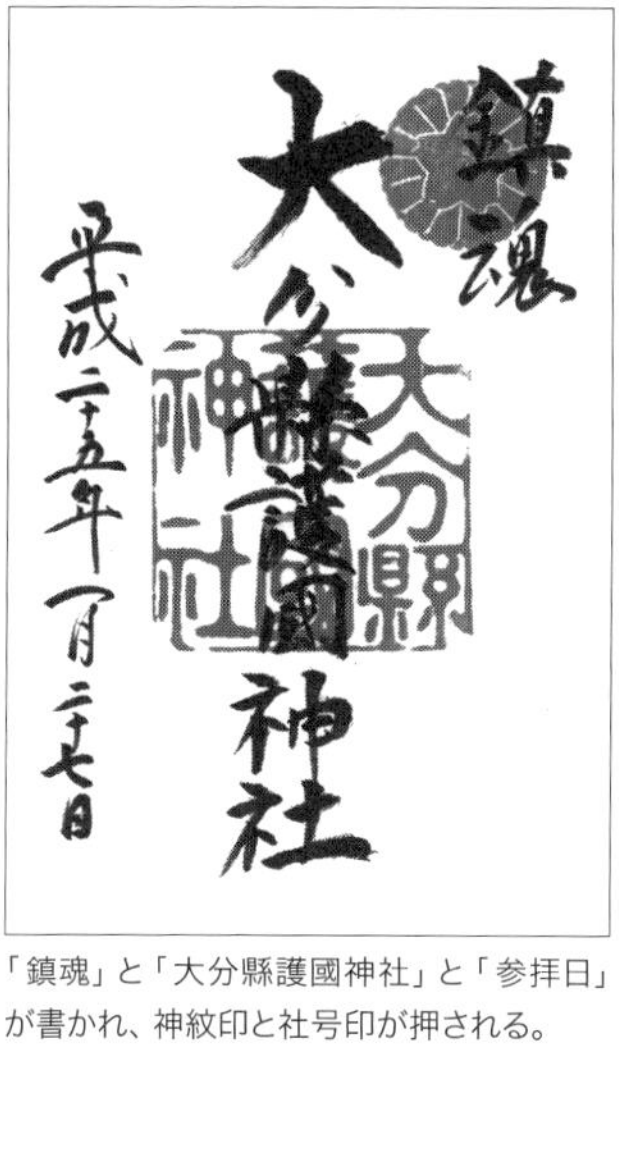

「鎮魂」と「大分縣護國神社」と「参拝日」が書かれ、神紋印と社号印が押される。

解説　豊後梅：大分県県花県木の梅の木で、果実が直径約5センチと大きいのが特徴。

拝殿の左右に翼廊を配置する典型的な護国神社様式の社殿。社殿左に神楽殿。写真は神社提供。

御祭神	大分県出身またはゆかりの、国家のために一命を捧げられた神霊四四四五六柱
創建年	明治八年（現在地への遷座 昭和十八年）
主な祭典	春季例大祭 四月九日、みたま祭 八月十三日〜十五日、秋季例大祭 十月九日
受付時間	午前八時三十分〜午後五時
交通	JR「高城」駅下車 タクシー約五分 徒歩約二十分

神社周辺の見どころ

高崎山自然動物園 | 護国神社より西へ11キロ

◆大分県大分市神崎

高崎山には約1300頭の日本サルが生息しています。動物園では山から降りてきた野生の猿の自然のままの生き生きとした様子を間近に見ることができます。麓から猿寄せ場まではスロープカー「さるっこレール」の利用がおすすめ。周辺には水族館「うみたまご」があります。

別府タワー | 護国神社より北西へ約 15 キロ

◆大分県別府市北浜

国道10号沿いの別府湾に面してそびえる別府のシンボル的なタワーです。高さ90m。展望台からは東に別府湾、南西に別府の繁華街を見渡せ、夜景スポットとしてもおすすめです。東京タワーなどと同じ内藤多仲の設計で、登録有形文化財に指定されています。

地獄巡り | 護国神社より北西へ約 18 キロ

◆大分県別府市鉄輪

「地獄」とは地下200m以上から100度前後の噴気、熱泥、熱湯を噴出する源泉のことをいい、海・鬼石坊主・山・かまど・鬼山・白池・血の池・龍巻の8つの地獄があります。血の池地獄（写真）の池のピンク色、龍巻地獄の吹き上げる間欠泉などすべて大迫力です。

宮崎縣護國神社

住所　宮崎県宮崎市神宮二丁目四番三号
電話　0985（25）2719

神社前。大鳥居右の自然石の社号標が美しい。石は宮崎県日向市の飯盛山産。

戦後創建された唯一の護国神社

◆宮崎縣護國神社は、宮崎神宮の境内の西端にあります。宮崎県では都城市、高鍋町など県内各地にその地元の招魂社がありましたが、県内全域を崇敬区域とする招魂社は建立されませんでした。昭和十八年になり、現在地の北西約一キロの高台（現在の宮崎市立大宮中学校付近）で護国神社の建設工事が着手されましたが、竣工前に終戦を迎え未完成のまま計画は立ち消えになってしまいました。戦後、県民より護国神社建設の強い要望が起こり浄財をつのり現在地を鎮座地に定め社殿の建設が始まりました。昭和三十年三月には社殿が竣工し、鎮座祭が行われました。全国の護国神社の中で同神社は唯一戦後に創建された神社です。

◆境内の見どころ（①は境内の外）

①宮崎神宮の御祭神は神武天皇で、宮崎市街のほぼ中

①宮崎神宮の社殿

②本殿

③陸軍第37師団慰霊碑

④遺品館

央に位置し境内面積約二三万㎡。毎年十月の宮崎神宮大祭では市内に御神幸《ごしんこう》巡行があり宮崎県下一番のお祭となっています。また読売巨人軍監督選手が春のキャンプイン前に必勝祈願で参拝することでも有名です。

②本殿の後ろには宮崎神宮の流鏑馬場《やぶさめばば》があります。

③第三七師団は昭和十九年の日中戦争の※大陸打通《たいりくだつう》作戦に参加し、宮崎県出身の多くの将兵が戦死しました。

④戦歿者の遺影、書簡、寄贈された軍艦の模型などが展示されています。

「奉拝」と「宮崎縣護國神社」と「参拝日」が書かれ、「護國大神鎮座」の印と神紋印と社号印が押される。

解説　大陸打通作戦：大東亜戦争中の昭和19年、総兵力数10万人を投入して行われた中華民国軍との戦い。北京からバンコクまで作戦距離2400kmに及んだ。

社殿の外壁や柱は、本殿も含め白で統一された美しい姿。

御祭神	宮崎県出身またはゆかりの、国家のために一命を捧げられた神霊四一八七二柱
創建年	昭和三十年
主な祭典	例大祭 四月十日、みたま祭 八月十四日、十五日
受付時間	午前八時三十分～午後五時
交通	JR「宮崎神宮」駅下車 徒歩約十五分、バス「宮崎神宮」下車 徒歩約三分

神社周辺の見どころ

平和台公園 ｜護国神社より北西へ約 1.5 キロ

◆宮崎県宮崎市下北方町越ケ迫

宮崎市街や日向灘を見渡せる高台にある公園。高さ37mの平和の塔の他に、展望台やアスレチック広場、草スキー場、自然散策路などがあります。この塔は、昭和14年神武天皇即位2600年奉祝事業として建立された「※八紘之基柱」を「平和の塔」と名称変更したものです。

御池《みいけ》 通称「みそぎ池」（阿波岐原森林公園 市民の森内）｜護国神社より東へ約 4.5 キロ

◆宮崎市阿波岐原町産母

シーガイア近くにある「市民の森」の北端にあり、一見すると市民公園にある普通の池ですが、記紀に登場する神聖な池。伊耶那岐命を追って黄泉の国へ行き、そこで穢れを受けてしまった伊邪那岐命がこの池で禊を行ったとされる場所です。両神を祭る江田神社が南隣にあります。

青島 ｜護国神社より南へ約 16 キロ

◆宮崎県宮崎市青島

亜熱帯植物が茂る周囲約1.5キロの小島ですが、橋があり歩いて渡ることができます。島は「鬼の洗濯板」とよばれる波状岩に囲まれ、島のほぼ中央には、海幸彦と山幸彦の神話ゆかりの青島神社があります。周辺の堀切峠の展望台から見る海岸線はおすすめです。

解説 八紘之基柱（あめつちのもとはしら）：正面に彫られた「八紘一宇」の4文字から「八紘一宇の塔」ともいう。八紘一宇とは、日本書紀の文言からの造語で「世界は一つの家」の意味。

鹿児島縣護國神社

住所　鹿児島県鹿児島市草牟田二丁目六〇ー七
電話　099（226）7030

神社前。神社前から国道３号線までの旧参道はみたま祭のとき出店などで賑わう。

西郷隆盛座禅の地「草牟田」に鎮座

◆鹿児島縣護國神社は、城山の北側の麓にあります。城山は鹿児島市街のほぼ中央に位置し、亜熱帯植物が生い茂る海抜一〇〇mほどの小高い山で、南側の山頂には鹿児島湾と桜島を望む展望台があります。城山は西南戦争で最後の激戦地となった場所です。

◆同神社の創建者は、薩摩藩第十二代藩主で最後の藩主島津忠義《しまづただよし》です。慶応四年一月、戊辰《ぼしん》戦争での薩摩藩将兵の戦歿者を祀るように、との明治天皇よりご命令と共に金五百両が薩摩藩に届き、これを受け忠義《ただよし》は鹿児島市内に「靖献霊社《いさたまれいしゃ》」を建立、これが神社の創建となりました。昭和十六年には現在地にて社殿の造営を着工しましたが、完成直前終戦を迎え工事を再開、同年竣工遷座。平成十年には参集殿、社務所を新築して現在の姿となりました。

解説　西南戦争：明治10年に起こった西郷隆盛ら旧薩摩藩の士族を中心とする反政府暴動。

①拝殿の扉

②厄祓の絵馬

③遺徳顕彰館

④硫黄島の碑

◆境内の見どころ

①拝殿は、桜島の噴火による灰の進入をできるだけ防ぐため密閉性のあるアルミサッシになっています。

②厄祓絵馬は、厄が落ちるように逆さになっています。

③戦歿者の遺影、書簡などが展示されています。

④硫黄島守備隊の主力部隊で唯一の歩兵連隊であった陸軍歩兵第一四五連隊は、鹿児島市で編制された鹿児島県民の部隊で、※硫黄島の戦いでは補給が絶たれ水食料弾薬が乏しい中、勇猛果敢に戦い玉砕しました。

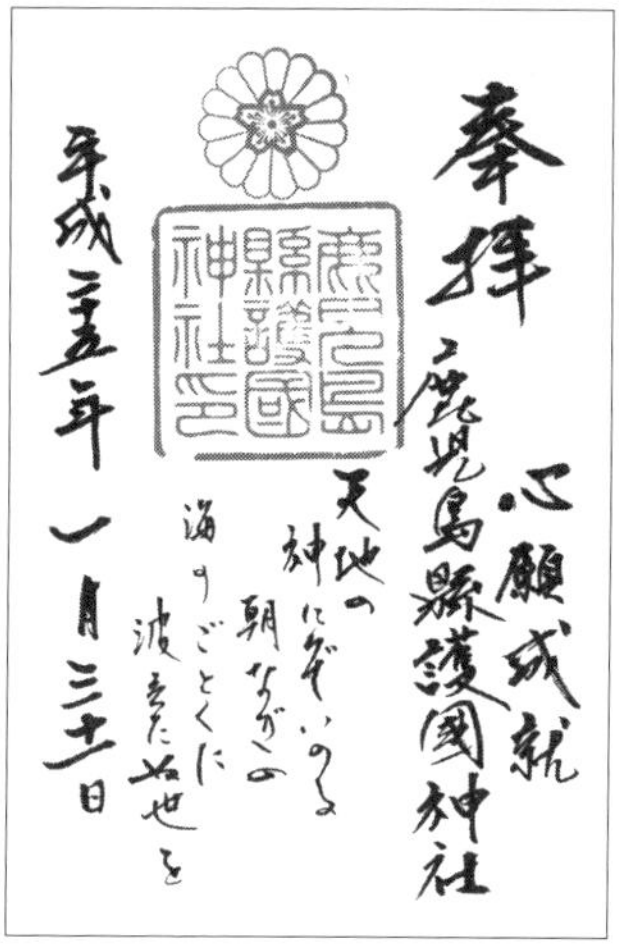

「奉拝」と「心願成就」と「鹿児島縣護國神社」と「御製」と「参拝日」が書かれ、神紋印と社号印が押される。

解説 硫黄島の戦い：硫黄島は中部太平洋の孤島で、サイパン島と本土とのほぼ中間地点に位置し、本土防衛の重要な拠点であった。昭和20年2月米軍上陸作戦が始まり3月に日本軍は玉砕した。

拝殿の左右に翼殿を配置する典型的な護国神社様式の社殿。スロープ設置などで段差解消も充実。

御祭神	鹿児島県出身またはゆかりの、国家公共のために一命を捧げられた神霊七七六〇二柱
創建年	慶応四年（現在地への遷座 昭和二三年）
主な祭典	春季例祭 四月十三日、みたま祭 七月三一日、八月一日、秋季例祭 十月十三日
受付時間	午前八時三十分～午後五時
交通	バス「護国神社前」下車 徒歩五分

鹿児島城（鶴丸城）跡 | 護国神社より南へ約1.5キロ

◆鹿児島県鹿児島市城山町

薩摩藩初代藩主島津家久が慶長7（1602）年に築いた城。本丸跡は「鹿児島県歴史資料館黎明館」になっています。鹿児島城は天守を持たなかった城で、現在も石垣が一部残るのみ。城山の南端に位置し、周辺には西郷洞窟、西郷終焉の地、南洲墓地など見どころ多数。

仙巌園 別称「磯庭園」 | 護国神社より東へ約４キロ

◆鹿児島県鹿児島市吉野町

万治元（1658）年、薩摩藩第２代藩主島津光久が建立した島津家の別邸で、錦江湾越しに雄大な桜島が正面に見える※借景庭園です。敷地面積約1万5000坪。周辺には、薩摩藩第11代藩主島津斉彬によって建てられた日本初の近代工場群「尚古集成館」があります。

万世《ばんせい》特攻平和祈念館 | 護国神社より南西へ約28キロ

◆鹿児島県南さつま市加世田高橋

薩摩半島の吹上浜に建設された陸軍の特攻専用の基地「万世飛行場」跡にあります。鹿児島の特攻基地は、知覧、鹿屋だけではありませんでした。館内には吹上浜沖から引き揚げられた日本にただ一機の「零式水上偵察機」の他、隊員の遺品遺影などが多数展示されています。

解説　借景庭園：庭園外の風景（借景）を庭園の背景として取り込み庭園景観を形成する手法。

沖縄県護国神社

住所　沖縄県那覇市奥武山町四四番地
電話　098（857）2798

境内は奥武山公園のほぼ中心、木々に囲まれた場所にある。

沖縄地上戦犠牲者の一般住民も祀る

◆沖縄県護国神社は、那覇市の※奥武山《おうのやま》公園の中央にあります。正月三が日の初詣参拝客は毎年約二五万人に上り、沖縄本島の人口約一二九万人のほぼ五人に一人の人が同神社に初詣されていることになります。

◆昭和十一年現在地において、日清戦争以降の沖縄県ゆかりの戦歿者をお祀りするため「招魂社」を建立したのが神社の創建となりました。昭和二十年三月から二か月にわたった米軍上陸作戦では、護国神社の鎮座する本島南部は激戦地となり、戦災により社殿はすべて焼失しました。戦後昭和三四年四月に仮社殿が竣工し第一回の春季大祭が行われ、昭和四十年には現在の社殿が建立されました。同神社には沖縄地上戦で亡くなられた一般住民も御祭神としてお祀りされています。

◆境内の見どころ

解説　奥武山公園：陸上競技場、野球場、プールなどが揃った都市型の県営運動公園です。

①社務所

②第三鳥居

③歌碑

④平和の像

①写真の本殿横の右の建物。平成二二年十二月に新築されました。参拝者用休憩施設も設置されています。

②社殿前の鳥居は、昭和四一年に京都霊山護國神社の鳥居を移設したものです。

③碑文は、戦死された場所の石を遺骨の代わりに拾い遺族にお渡しする遺骨収集の方の歌「遺骨だにまだ見ぬ人にたのまれて 泣き泣きひろう沖縄の石」。

④鳩を空に放つ少女の像で、彫刻家三木勝氏の作品。終戦五十年を記念して建立されました。

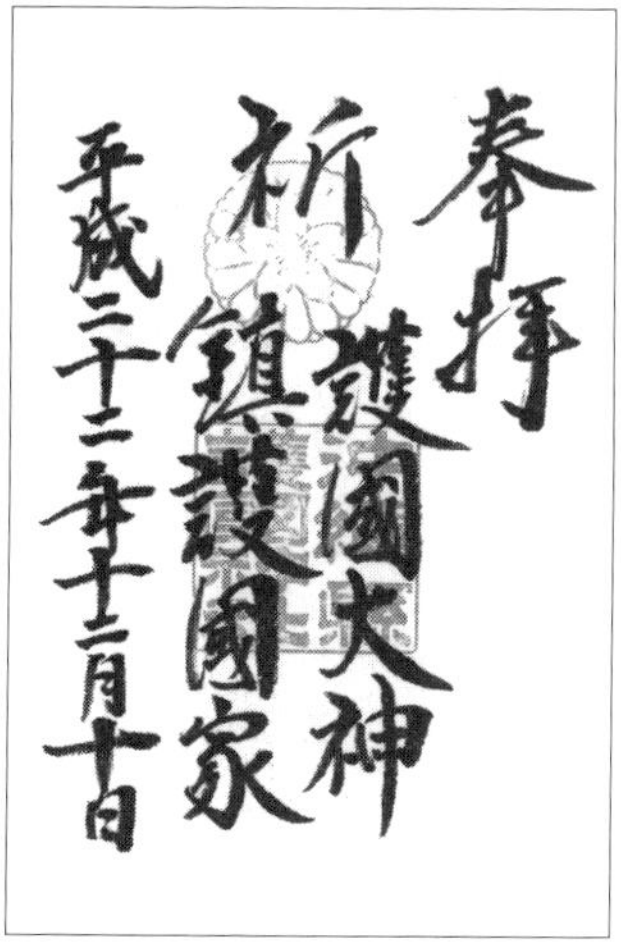

「奉拝」と「祈 護國大神 鎮護國家」と「参拝日」が書かれ、神紋印と社号印が押される。

沖縄県の台風通過の多い気候を考慮し、社殿は装飾の少ない簡素なデザインとなっている。

御祭神	創建年	主な祭典	受付時間	交通
沖縄県出身またはゆかりの国家のために一命を捧げられた神霊一七七〇〇〇余柱　※沖縄方面作戦一般戦歿者を含む	昭和十一年	春季例大祭 四月二三日、沖縄戦戦歿者総合慰霊祭 六月二三日、みたま祭 八月十五日、秋季例大祭 十月二三日	午前九時～午後四時三十分	沖縄都市交通ゆいレール「奥武山公園」駅下車 徒歩約十分

神社周辺の見どころ

首里城 | 護国神社より東へ約4.5キロ

◆沖縄県那覇市首里金城町

那覇市を見下ろす高台に立つ琉球王国時代の城郭です。沖縄地上戦により建造物はすべて焼失し、平成4年に本土復帰20周年を記念して木造で復元されました。朱塗りの壁や柱は漆塗りで復元されています。国指定史跡で、平成12年には世界文化遺産に登録されました。

嘉数《かかず》高台公園 | 護国神社より北東へ約 9 キロ

◆沖縄県宜野湾市嘉数

昭和20年3月沖縄地上戦はこの場所から激戦が始まり、多くの将兵が亡くなりました。今でも日本軍が使用した「トーチカ」が残っています。また展望台からは、米海兵隊普天間飛行場の全体と海岸線が一望でき、報道関係者の取材が多いところです。

沖縄県営平和祈念公園 | 護国神社より南へ約 13 キロ

◆沖縄県糸満市摩文仁

沖縄本島の最南端近くに位置する沖縄戦の最後の激戦地となった摩文仁（まぶに）の丘周辺にある公園です。国立沖縄戦戦歿者墓苑の他、多くの慰霊碑があります。また公園の南東側は断崖になっており、美しい海岸線を眺望できます。園内には沖縄県平和祈念資料館などがあります。

⛩ 護国神社の基礎知識

1 護国神社とは

神社には必ず神様「御祭神」がお祀《まつ》りされています。たとえば伊勢神宮の内宮であれば皇室の祖神である天照大御神《あまてらすおおみかみ》（天照皇大神）、明治神宮であれば明治天皇と昭憲皇太后が御祭神です。護国神社は、郷土の出身者またはゆかりのある方々で、戦場に赴かれ亡くなられた軍人・軍属※、勤労動員で亡くなられた一般市民の方々など、国家のために尊い命を捧げられた戦歿者※の神霊《みたま》を御祭神としてお祀りする神社です。明治維新以後、日本の近代国家としてのスタートと共に創建された比較的歴史の新しい神社で全国各地にあります。

2 英霊《えいれい》とは

靖國神社と護国神社の御祭神は、一般に崇敬の気持ちを込めて「英霊」と呼ばれています。

※軍属：旧陸海軍の用語で、軍に所属しながら軍人ではない者のこと。文官。
※戦歿者：本書では戦争で亡くなられた陸海軍関係者等（護国神社の御祭神）を指すこととします。

個々の御祭神をお呼びするときは、たとえば「太郎命」と書いて、「たろうのみこと」と呼ばれます。「命《みこと》」はいわば御祭神への敬称なのです。また御祭神は一柱《はしら》二柱《はしら》と数えます。

3 護国神社の起源

慶応四年五月、明治天皇の御命令により、当時まだ日本の首都であった京都市の東山の地において京都霊山護國神社の前身「霊山官祭※招魂社《しょうこんしゃ》」が創建され、幕末の動乱の中で非業の死を遂げた勤王派の志士や戊辰《ぼしん》戦争での新政府軍の戦歿者の招魂祭が行われました。これが靖國神社、全国の護国神社の起源となりました。この後、様々な戦争や事変で国家のために尊い命を捧げられた郷土出身戦歿者の慰霊顕彰のため、全国各地に「招魂社」が官民様々な人々によって創建され、靖國神社、護国神社へと継承されていきました。

4 靖國神社の起源

明治二年三月、明治天皇はお住まいを京都御所から旧江戸城に移され日本の首都は東京に移りました。同年五月戊辰戦争は函館の五稜郭《ごりょうかく》での戦いで終結し明治新政府は名実とも

※官祭：国の行事として行う神社の祭礼。連合国軍最高司令部（GHQ）の神道指令により廃止された。

に始まりました。明治新政府の兵部省《ひょうぶ》（後の陸・海軍省）の高官であった大村益次郎※は、明治天皇の特別の思し召しを受けて、首都東京で招魂社の建立準備に取りかかりました。明治二年六月に東京九段の現在の靖國神社の境内に仮社殿が竣工し戊辰《ぼしん》戦争の新政府軍側の戦歿者三五八八人の招魂祭が行われ、これが「東京招魂社」の創建となりました。

明治八年には、京都に創建されていた霊山官祭招魂社や全国各地の招魂社に祀《まつ》られていた戦歿者の御祭神は東京招魂社で合祀《ごうし》されることになり、東京招魂社は全国の戦歿者をお祀りする大招魂社となっていきました。さらに明治十二年には社名を「靖國神社」と改め、招魂社から正式な神社となりました。

5 全国各地にある護国神社

靖國神社と護国神社の前身の「○○招魂社」（○○は地名）は、戦歿者の神霊《みたま》をお祀りするため、明治維新以後全国に建立されていきました。しかし招魂社は正式な神社ではなく、臨時的であいまいな位置づけでした。そんな中、4で述べたように、明治十二年に東京招魂社は「靖國神社」として一足先に神社に昇格しその他の招魂社はそのままにおかれました。

明治、大正、昭和と時代を重ね戦争や事変が起こる中、戦歿者の数も増えるにしたがって、

※大村益次郎：幕末の長州藩士。戊辰戦争で活躍し近代軍制の樹立に尽力。明治2年、不平派の士族に京都市木屋町通りで襲撃され死去。

全国の招魂社の数は昭和十四年には百数十社にものぼっていました。そして、招魂社で合祀される御祭神の数も増え、国民の招魂社への崇敬の心も高まっていきました。

当時神社の管轄官庁であった内務省はこの招魂社制度を改めることを決定し、昭和十四年三月、内務省令を発しました。その内務省令のポイントは次のような内容でした。

・昭和十四年四月一日をもって「招魂社」は「護国神社」に改称する。

・原則として各府県一社ずつ、各府県内全体を崇敬区域とする代表的な護国神社を定める。その護国神社を「内務大臣指定護国神社」とし、社格を「府県社」相当とみなす。それ以外の比較的小規模な護国神社は「指定外護国神社」とし、「村社」相当とみなす。「内務大臣指定護国神社」のみ社名に道府県名を冠することを許可する。

このとき全国の招魂社は一斉に「護國神社」と社名を変え、府県を代表する招魂社があった府県はその招魂社を「〇〇縣護國神社」と改称し社殿や境内などの整備を行い、代表する招魂社がなかった府県は新たに護国神社の創建に着手しました。

この制度は、終戦後GHQ（連合国軍総司令部・通称進駐軍）により解体されましたが、終戦前に「内務大臣指定護国神社」となっていた護国神社を中心にして、現在構成されている団体が「全國護國神社會」※であり、本書ではこの會の五二社すべてを北から紹介しています。

なお、本書で記載する「護国神社」は、この五二社を指すこととしました。

※全國護國神社會：全国の護国神社のうち主要52社の護国神社より構成される。事務局は靖國神社内。

6 神様としてお祀りされる戦歿者の神霊《みたま》

護国神社は比較的歴史の新しい神社ですが、戦歿者の神霊《みたま》を御祭神として敬うことは古来日本人の宗教意識、祖先観に根ざした伝統的習俗がもとになっています。祖先や共同体（国）に尽くした人々が亡くなられた後、神様としてお祀《まつ》りし、その神様は子孫やその共同体（国）を守ってくださる、という心です。豊臣秀吉をお祀りした「豊国神社」、徳川家康をお祀りした「東照宮」などが有名です。その後大名家でも藩祖の神霊をお祀りしたり、庶民の間でも、善政を行った代官《だいかん》や、庄屋《しょうや》や名主《なぬし》、地域のために尽した義民《※ぎみん》などが亡くなった後に神社を建立してその神霊をお祀りすることが広がっていきました。

7 靖國神社、護国神社を参拝する意義

戦争や事変には、その発生原因や目的、その結末、勝敗の責任の所在などがあり、それらのことを史実に基づいて学習研究することは「歴史から学ぶ」という意味でとても意義深いことです。また、戦場はいわば「生死を分かつ極限状態」であり、敵味方を問わず不条理なことや悲惨なこともたくさんあったと思われます。しかし靖國神社と護国神社は、平和で豊

※義民：義を実行した民。一般的には江戸時代に村落の代表として命を懸けて百姓一揆を指導した者。

かで自由な現代を生きる私たちの視点からそれらを非難や議論をする場ではありません。どのような戦争や事変にせよ、当時を生きた先人にとっては、大変な国難であったことには変わりはなく、日本の将来のために自分の命も惜しまず勇敢にその困難に立ち向かっていただいたという事実があるのです。靖國神社と護国神社は現代を生きる私たち日本国民みんなが、戦争で亡くなった御祭神のことを偲《しの》び（＝追悼《ついとう》）、神霊《みたま》を慰め（＝慰霊《いれい》）、その遺徳《※いとく》を称《たた》え（＝顕彰《けんしょう》）、有難うございますという気持ちを伝える（＝感謝）ための場であり、御祭神にこれからも平和で幸せに暮らせるようにお祈り（＝祈願）する神聖な場なのです。けっして戦争を美化したり、また責任追及したりする場ではありません。

そして参拝のときには、御祭神が命をかけて守ろうとされた祖国日本とはどういう国なのか、を静かに考えたいものです。

8 靖國神社と護国神社との関係

神社には本社と分社の関係にあるものが少なくありません。たとえば全国の「八幡宮」の本社は大分県の「宇佐《うさ》神宮」であり、「稲荷神社」の本社は京都市の「伏見稲荷大社」です。全国の護国神社で祀《まつ》られている御祭神の多くが靖國神社にも合祀《ごうし》されているため靖國神

※遺徳：亡くなられても残るその人の生前の人徳。

社は全国の護国神社の本社と思われがちなのですがそうではありません。全国の護国神社は東京招魂社として創建された靖國神社とは別に、地元の先人たちの手によって創建された各地の招魂社を始まりとしている場合が大多数で、靖國神社の分社ではありません。

また戦歿者の方々は、愛する家族や郷土の人々、そして国家を護るために命をかけて戦われ戦死されたのです。その意味で、戦歿者の郷土に鎮座《ちんざ》する護国神社はその地域にとっては東京の靖國神社と同等、またはそれ以上にとても大切な神社なのです。

靖國神社と護国神社は本社と分社の関係になくても御祭神を同じくする神社であり、常に連携、協力しながら、日々御祭神をお祀りし戦歿者の慰霊顕彰のための様々な活動を行っています。なお、東京都と神奈川県には同都県を代表する護国神社がないため、靖國神社は同都県にとっての護国神社の役割も果たしています。

9 戦歿者の神霊《みたま》が鎮座する場所

戦歿者の神霊は、靖國神社と、御出身地の全国の護国神社の、境内の社殿の中の本殿に御祭神として鎮座されておられます。護国神社には本殿の前に参拝者がお祈りする拝殿や神門を設けています。なるべく本殿のおそば近くで参拝することが大切です。

10 護国神社のご利益《りやく》

護国神社の御祭神は、愛する家族や郷土や国家の末永い平穏無事を願いながら戦地に赴き尊い命を捧げられた戦歿者の神霊《みたま》です。神霊は私たちの日常の平穏な暮らしをあたたかく見守ってくださっている身近な神様で、参拝者にたくさんのご利益を授けて下さいます。ですから護国神社は、家族や郷土の守護神として、また家内安全と繁栄の神様として、遺族の方々だけでなく、多くの国民の方々に足を運んでいただき、ご参拝いただきたい神社です。

11 護国神社の特徴とその魅力

護国神社は、日本の長い歴史の中でも激動の時代であった幕末から昭和にかけての歴史を刻んだ神社であり、その歴史の重さは、参道や境内の様々な景観、また建築物や石碑や慰霊碑、遺品館からも偲ぶことができます。本書では各護国神社のその主なものを紹介致しました。

また護国神社には、一度に大勢の参拝者を迎え式典を行うことを想定して創建された神社があり、広々とした境内や社庭や社頭をもつ神社が多いのも特徴です。その神聖な空間の散策は、護国神社の参拝の楽しみの一つでもあります。

山中浩市（やまなか こういち）

昭和31年福岡県生まれ、法政大学卒。大学が靖國神社の隣にあったことがきっかけで、以来三十数年靖國神社、全国の護国神社の参拝を続けている。現在、在住の京都市で「京都霊山護國神社 清掃奉仕の会」を主催し毎月第3日曜日に護国神社の境内の清掃奉仕活動を有志と共に行っている。ブログ http://ameblo.jp/gokoku-jinjya

【参考文献】

『靖國神社 百年史 資料篇下』靖國神社編集（靖國神社）／『故郷の護國神社と靖國神社』靖國神社編集（展転社）／『縮刷版 神道事典』國學院大學日本文化研究所編集（弘文堂）／『ハンディ版 日本100名城公式ガイドブック』財団法人日本城郭協会監修（学習研究社）／『角川新版日本史辞典』朝尾直弘、宇野俊一、田中琢編（角川書店）／『歴史ハンドブック 幕末・維新 全藩事典』人文社編集部（人文社）

その他、各神社の「参拝のしおり」、各観光名所のパンフレット、公式ホームページ、案内看板などを参考に致しました。

全国《ぜんこく》護国《ごこく》神社《じんじゃ》巡拝《じゅんぱい》ガイドブック

~ ご朱印《しゅいん》めぐりの旅《たび》 ~

2014年2月4日　第2版発行

監修　全國護國神社會《ぜんこくごこくじんじゃかい》

著者　山中浩市《やまなかこういち》

発行者　磐﨑文彰

発行所　株式会社かざひの文庫
〒110-0002　東京都台東区上野桜木2-16-21
電話 / FAX　03(6322)3231
company@kazahinobunko.com　http://www.kazahinobunko.com

発売元　太陽出版
〒113-0033　東京都文京区本郷4-1-14
電話　03(3814)0471　FAX　03(3814)2366
info@taiyoshuppan.net　http://www.taiyoshuppan.net

印刷　シナノパブリッシング

製本　有限会社井上製本所

装丁　梶原浩介（ノアズブックス）

地図製作　データ・アトラス株式会社

スペシャルサンクス　百田尚樹 ／ 小栗素子（イースト・プレス）

 ISBN978-4-88469-791-4